Fisch

Fisch

INHALTSVERZEICHNIS

Vorwort

Pfiffige Rezept-Ideen und vielfältige Zubereitungsarten verführen Sie dazu, mehr Fisch auf Ihren Speiseplan zu setzen. Denn die leckeren Köstlichkeiten aus Fluß, See und Meer bieten nicht nur Genuß. Fisch liefert auch wertvolles Eiweiß und Mineralstoffe. Fisch ist nicht gleich Fisch, es kommt auf die richtige Art der Zubereitung an. Ob gedünstet, gegrillt oder gebraten – auf Sie warten kulinarische Spezialitäten, und für jeden Geschmack ist etwas dabei.
Wagen Sie sich an Fischgerichte heran – sie sind gar nicht so schwer zuzubereiten.

Eingelegte Bratheringe

- 1 kg Grüne Heringe
- 2 EL Weizenmehl
- ½ TL Salz
- 6 EL Speiseöl
- 2 Zwiebeln
- 1 EL Senfkörner
- 8 Pfefferkörner
- 250 ml (¼ l) Essig
- 125 ml (⅛ l) Wasser

1. Schuppen und Flossen der Heringe abschneiden. Die innere schwarze Haut abziehen. Fische unter fließendem kaltem Wasser abspülen und trockentupfen.
2. Weizenmehl mit Salz mischen und die Heringe darin wenden.
3. Speiseöl erhitzen, die Heringe von jeder Seite in 3–4 Minuten darin goldbraun braten lassen.
4. Die Zwiebeln abziehen und in Scheiben schneiden.
5. Heringe, Zwiebeln, Senf- und Pfefferkörner in einen Topf legen. Essig und Wasser darüber geben.
6. Die Heringe sind nach 4–6 Tagen zum Verzehr geeignet.

Matjesfilets mit Äpfeln (Foto)

- 8 Matjesfilets
- 3 EL Salatmayonnaise
- 1 Becher (150 g) Joghurt
- 125 ml (⅛ l) Schlagsahne
- Pfeffer, Salz,
- Zucker, Pimentpulver
- Zitronensaft
- 3 mittelgroße Äpfel
- 3 Zwiebeln

1. Matjesfilets evtl. entgräten.
2. Die Mayonnaise mit dem Joghurt mischen, die Sahne schlagen und unterziehen.
3. Mit Pfeffer, Salz, Zucker, Piment und Zitronensaft abschmecken.
4. Die Äpfel schälen, vierteln, entkernen und in Scheiben schneiden. Zwiebeln abziehen und in feine Ringe schneiden.
5. Alle vorbereiteten Zutaten mit der Marinade locker mischen, kalt stellen und mindestens 4 Stunden zugedeckt durchziehen lassen.
6. Fisch mit Soße überziehen, mit Äpfeln und Zwiebeln anrichten.

Marinierte Seezungen-röllchen mit Apfel-Meer-rettich-Sosse

- 2 große Seezungen (vom Händler filetieren lassen)
- Salz, frisch gemahlener Pfeffer
- etwas Zucker
- 1 Limette (unbehandelt)
- 3 EL Calvados
- 2 Stangen Lauch
- ½ Sellerieknolle
- 400 ml Fischfond (aus dem Glas)
- 125 ml (⅛ l) trockener Weißwein
- 1 Apfel
- 1 Zwiebel
- 3 EL Sojaöl
- 200 ml Schlagsahne
- 2 TL Sahnemeerrettich
- je 1 EL feingehackter Dill und Kerbel
- 3 EL Sojaöl

1. Die Fischfilets unter fließendem kaltem Wasser abspülen, trockentupfen und mit Salz, Pfeffer und Zucker würzen.

2. Die Limettenschale fein abreiben und den Saft auspressen. Schale und Saft mit Calvados, Sojaöl und den feingeschnittenen Kräutern mischen. Über die Fischfilets geben und 30 Minuten marinieren.

3. Lauch putzen, waschen in 2 cm dicke Ringe schneiden. Sellerie putzen, waschen und mit einem Kugelausstecher kleine Kugeln ausstechen. Beides in Salzwasser bißfest garen.

4. Den Fischfond mit dem Weißwein auf ein Drittel einkochen.

5. Apfel schälen und Zwiebel abziehen, beides fein würfeln, in dem Sojaöl andünsten und mit dem reduzierten Fischfond und der Sahne auf die Hälfte einkochen, dann abschmecken.

6. Die Filets aus der Marinade nehmen, aufrollen und in der heißen Soße etwa 6 Minuten garziehen lassen.

7. Das Lauch-Sellerie-Gemüse in etwas Öl anschwitzen und mit Salz und Pfeffer würzen.

Fortsetzung auf Seite 10

Sojaöl

8. Die Röllchen auf dem Gemüse anrichten. Zum Schluß die Soße mit Sahnemeerrettich und zwei oder drei Eßlöffel von der Marinade abschmecken und dazureichen. Mit Dill und Dillblüten garnieren.

10

Marinierte Heringshappen

750 g Heringsfilets
2 rote Zwiebeln
1 Möhre
250 ml ($\frac{1}{4}$ l) Rotweinessig
200 ml Wasser
4 EL Zucker
1 Lorbeerblatt
2 TL Pimentkörner
2 TL Senfkörner
frischer Dill

Einfach

1. Die Heringsfilets unter fließendem kaltem Wasser abspülen, trockentupfen, in etwa 3 cm breite Stücke schneiden.
2. Rote Zwiebeln abziehen, in Scheiben schneiden.
3. Die Möhre putzen, schälen, waschen und in Scheiben schneiden.
4. Die Heringsfilets, Zwiebeln und Möhre in einem Glas schichten.
5. Rotweinessig, Wasser und Zucker aufkochen, bis der Zucker ganz gelöst ist.
6. Lorbeerblatt, Piment- und Senfkörner hinzufügen, ganz abkühlen lassen. Die abgekühlte Marinade in das Glas gießen, bis die Zutaten völlig bedeckt sind.
7. Die Heringshappen 2–3 Tage im Kühlschrank durchziehen lassen und mit frischem Dill garniert servieren.

Tip: Vollkornbrot und Butter dazu reichen.

Marinierter Kochfisch, venezianisch

Gut vorzubereiten

- 1 Kabeljau (etwa 1 ½ kg)
- 1 l Wasser
- 4 EL Essig-Essenz (25%ig)
- 1 EL Salz
- 2–3 Zwiebeln
- 2–3 Knoblauchzehen
- 4 Petersilienwurzeln
- ½ TL feingehackte Chilischoten
- ½ TL gerebelter Thymian
- 250 ml (¼ l) heißer Fischfond
- ½ TL Salz
- 5 EL Weißwein

1. Kabeljau fertig ausgenommen kaufen. Fisch unter fließendem kaltem Wasser abspülen und trockentupfen.

2. Für das Garbad Wasser, Essig-Essenz und Salz erhitzen. Etwas abkühlen lassen, Fisch in die Marinade (er muß vollkommen bedeckt sein) legen und etwa 1 Stunde darin ziehen lassen.

3. Die Marinade abgießen, den Fisch trockentupfen und in 4 gleichgroße Stücke schneiden.

4. Zwiebeln und Knoblauch abziehen, und in feine Würfel schneiden.

5. Petersilienwurzeln putzen, waschen und klein schneiden.

6. Zwiebel- und Knoblauchwürfel, Petersilienwurzel, gehackte Chilischote und Thymian in einen großen Topf geben, den heißen Fischfond hinzugießen, zum Kochen bringen und zugedeckt etwa 5 Minuten kochen lassen.

7. Fisch in den Fond geben, zum Kochen bringen, zugedeckt etwa 10 Minuten ziehen lassen.

8. Die Fischstücke mit einem Schaumlöffel aus der Fischbrühe nehmen und in eine vorgewärmte Schüssel geben.

9. Die Fischbrühe salzen und mit Weißwein abschmecken. Die Brühe über die Kabeljaustücke gießen und sofort servieren.

Tip: Dazu Pellkartoffeln und Friséesalat servieren.

Zitronen-Scholle (Foto)

500 g frische Schollenfilets
6 EL Zitronensaft
2 rote Paprikaschoten
2 Frühlingszwiebeln
1 Avocado
Saft von 1 Zitrone
3 El Maiskeimöl
1 TL Kräutersalz
1 EL grüne Pfefferkörner
frisch gemahlener Pfeffer

1. Schollenfilets abspülen, trockentupfen, mit Zitronensaft beträufeln und etwa 1 Stunde ziehen lassen.
2. Paprikaschoten waschen, halbieren, Kerne und weiße Scheidewände entfernen, Schoten fein würfeln.
3. Zwiebeln abziehen, waschen, in dünne Ringe schneiden, mit den Paprikawürfeln vermischen.
4. Die Avocado halbieren, entkernen, schälen, in Spalten schneiden. Avocado, Scholle, Gemüsewürfel auf einer Platte anrichten.
5. Zitronensaft, Maiskeimöl, Kräutersalz, grüne Pfefferkörner verrühren und mit Pfeffer abschmecken. Anschließend über die Schollenfilets träufeln.

Heringe in saurer Sahne

6 eingelegte Heringe
1 kleine Zwiebel
250 g saure Sahne
Salz
frisch gemahlener Pfeffer
Zitronensaft oder Essig

1. Heringe in kleine Streifen schneiden.
2. Zwiebel abziehen, fein reiben und mit saurer Sahne, Salz und Pfeffer verschlagen.
3. Mit Zitronensaft oder Essig pikant abschmecken, über die Heringsstückchen verteilen und einige Stunden darin ziehen lassen.

Tip: Feingeschnittene oder geraspelte Äpfel dazugeben.

13

Matjesfilets mit Curryrahm

3 säuerliche Äpfel
200 g Schlagsahne
2 EL Crème fraîche
2 EL Curry
Salz
frisch gemahlener Pfeffer
12 Matjesfilets

Preiswert

1. Die Äpfel schälen, Kerngehäuse ausstechen. Äpfel in Scheiben schneiden und kurz in kochendem Salzwasser pochieren. Äpfel herausnehmen und trockentupfen.
2. Sahne steif schlagen, mit Crème fraîche vermengen und mit Curry, Salz und Pfeffer würzen.
3. Apfelscheiben auf einer Platte verteilen.
4. Die Matjesfilets zu Röllchen drehen, auf die Apfelscheiben setzen und mit Curryrahm begießen.

Tip: Toastbrot und Butter dazu reichen.

Carpaccio vom Lachs

300 g frischer Lachs
(ohne Haut und Gräten)
grobes Salz
frisch gemahlener Pfeffer
Saft von 1 Limone
2 EL Olivenöl
1 EL Crème fraîche
2 EL saure Sahne
50 g Kaviar
feingeschnittene Salatblätter

1. Lachs unter fließendem kaltem Wasser abspülen, trockentupfen und 5 Minuten in die Tiefkühltruhe stellen, schräg in sehr dünne Scheiben schneiden, auf gut gekühlten Portionstellern anrichten.
2. Salz und Pfeffer darüber streuen, mit Limonensaft und Olivenöl beträufeln.
3. Crème fraîche mit der sauren Sahne verrühren und den Kaviar darunter mischen.
4. Etwas Kaviar-Sahne auf die Mitte jeder Portion Lachs geben.
5. Mit feingeschnittenen Salatblättern garnieren.

Klare Fischsuppe

Preiswert

- 1 kg Fischköpfe und -gräten (beim Händler vorbestellen)
- 3 Zwiebeln
- 2 Tomaten
- $^1/_2$ Bund Petersilie
- 1 Thymianzweig
- 1 Zitrone (unbehandelt)
- 3 Pfefferkörner
- Salz
- 1 $^1/_2$ l Wasser
- 1 Eiweiß
- 300 g Fischfilet (z. B. Kabeljau, Seelachs, Rotbarsch, Merlan)
- 1 Bund Dill

1. Fischköpfe und -gräten unter fließendem kaltem Wasser abspülen.
2. Zwiebeln und Knoblauchzehe abziehen, die Zwiebeln würfeln.
3. Tomaten waschen, trockentupfen, achteln, die Stengelansätze herausschneiden.
4. Petersilie, Thymianzweig abspülen und trockentupfen.
5. Zwiebeln, Knoblauch, Tomaten, Petersilie, Tymianzweig, $^1/_2$ Zitrone, Pfefferkörner und Salz in einen großen Topf geben.
6. Wasser hinzugeben, zum Kochen bringen und etwa 1 Stunde kochen lassen.
7. Die Brühe durch ein Mulltuch gießen und wieder zum Kochen bringen.
8. Eiweiß verschlagen, mit der heißen Brühe übergießen, einmal aufkochen lassen, den Schaum abschöpfen und die Suppe mit Salz abschmecken.
9. Fischfilet unter fließendem kaltem Wasser abspülen, trockentupfen, in große Würfel schneiden, in die Brühe geben und in 3–5 Minuten gar ziehen lassen.
10. Zitronenhälfte in dünne Scheiben schneiden.
11. Dill abspülen, trockentupfen, die Spitzen von den Stengeln zupfen, fein hacken und mit den Zitronenscheiben in die Suppe geben. Heiß servieren.

Marinierte Forelle mit Sauerampfer und Lachsschaum

- 4 enthäutete, entgrätete Forellenfilets
- Saft von 1 Zitrone
- 2 EL Weinbrand
- 1 TL Salz
- 2 TL brauner Rohrzucker
- frisch gemahlener Pfeffer
- gemahlene Muskatblüte
- 3 EL Pimpinelleblättchen
- 50 g Crème fraîche
- 50 g saure Sahne
- 50 ml Schlagsahne
- 30 g feingehackter Räucherlachs
- 20 g Sauerampferblätter
- Salz

1. Forellenfilets unter fließendem kaltem Wasser kurz abspülen, gut trockentupfen und in eine Schale legen.

2. Für die Marinade Zitronensaft mit Weinbrand, Salz, Rohrzucker verrühren und mit Pfeffer und Muskatblüte würzen.

3. Pimpinelleblättchen abspülen, trockentupfen, die Blättchen von den Stengeln zupfen und zu der Marinade geben.

4. Die Marinade über die Filets verteilen, mit Frischhaltefolie bedecken und im Kühlschrank einen Tag stehenlassen.

5. Die Filets aus der Marinade nehmen, abtropfen lassen und auf Portionstellern anrichten.

6. Für die Soßen Crème fraîche mit saure Sahne verrühren. Die Schlagsahne steif schlagen, unterrühren, die Hälfte der Soße mit dem Räucherlachs verrühren und mit Pfeffer abschmecken.

7. Sauerampferblätter abspülen, trockentupfen und feinhacken.

8. Die zurückgelassene Hälfte der Soße mit den gehackten Sauerampferblätter verrühren und mit Salz und Pfeffer abschmecken.

9. Beide Soßen neben den Forellenfilets anrichten und mit Zitronenscheiben und Sauerampferblättern garnieren.

Bouillabaisse

Preiswert

200 g Rotbarbe
200 g Petersfisch
200 g Sardinen
1 Zwiebel
2 Lorbeerblätter
2 ½ l Wasser
200 g Krevetten
oder Gambas
1 Fenchelknolle
2 Tomaten
4 Schalotten
2 Knoblauchzehen
2–3 EL Olivenöl
4 EL trockener Wermut
4 EL Pernod
Salz
frisch gemahlener Pfeffer

1. Die Fische unter fließendem kaltem Wasser abspülen, trockentupfen und die Filets heraustrennen. Die Gräten und Köpfe für den Fond beiseite stellen.

2. Die Zwiebel abziehen und in Ringe schneiden. Zwiebelringe und Lorbeerblätter aufkochen lassen und die Krevetten darin etwa 3 Minuten blanchieren.

3. Die Krevetten herausnehmen, aus den Schalen lösen, Gräten, Fischköpfe und Schalen im Wasser zum Kochen bringen. Auf etwa knapp die Hälfte einkochen lassen.

4. Den Fond durch ein feines Sieb gießen.

5. Die Fenchelknolle putzen und abspülen, die Tomaten abspülen.

6. Schalotten und Knoblauchzehen abziehen und fein würfeln. Das Gemüse in Würfel schneiden.

7. Olivenöl erhitzen und das Gemüse darin andünsten.

8. Die Fischfilets in Stücke schneiden und mit den Krevetten hinzufügen.

9. Fischfond, Wermut und Pernod hinzugießen. Mit Salz und Pfeffer abschmecken. Alles etwa 5 Minuten schwach köcheln lassen.

Tip: Baguette mit Knoblauchbutter dazu reichen.

Bretonischer Fischeintopf

500 g Miesmuscheln
200 g Merlanfilet
200 g Rotbarschfilet
etwas Essig
2 Zwiebeln
1 Knoblauchzehe
250 ml (1/4 l) Weißwein
1 Fenchelknolle
2 Stangen Staudensellerie
2 Zucchini
200 g Tomaten (Dose)
250 ml (1/4 l) Fischfond (Glas)
frisch gemahlener Pfeffer
Salz
Safran (3 Fäden)
gehackte Petersilie
2 Becher (300 g) Crème fraîche

1. Miesmuscheln gründlich waschen, abbürsten, entbarten und geöffnete wegwerfen.

2. Fischfilets unter fließendem kaltem Wasser abspülen, trockentupfen und in etwa 3 cm lange Stücke schneiden. Mit Essig beträufeln und 10 Minuten ziehen lassen.

3. Zwiebeln und Knoblauchzehe abziehen, fein würfeln.

4. Von der Fenchelknolle den Stiel oberhalb der Knolle abschneiden, braune Stellen und Blätter entfernen. Das Wurzelende gerade schneiden und die Knolle in etwa 2 cm lange Stücke schneiden.

5. Vom Staudensellerie die Fäden abziehen und die Zucchini putzen, waschen und in 2 cm lange Stücke schneiden.

6. Tomaten abtropfen lassen und kleinschneiden.

7. Fischfond aufkochen, Fisch, Gemüse und Gewürze hinzugeben, gut umrühren und mit den Muscheln 8–10 Minuten köcheln lassen.

8. Crème fraîche hinzugeben, unterrühren und mit Petersilie bestreuen.

Tip: Als Beilage reicht man Reis, Kartoffeln oder frisches Baguette.

Fischtopf

250 g Kabeljaufilet
250 g Rotbarschfilet
500 g küchenfertiger Seeaal
6 EL Essig
4 große Tomaten
2 Gemüsezwiebeln
2 Knoblauchzehen
1 Fenchelknolle
5 EL Olivenöl
1 Lorbeerblatt
1 Zweig Thymian
Salz
frisch gemahlener Pfeffer
1 Bund Petersilie

1. Den Fisch unter fließendem kaltem Wasser abspülen, trockentupfen und mit Essig beträufeln.
2. Tomaten kurze Zeit in kochendes Wasser legen (nicht kochen lassen), in kaltem Wasser abschrecken, enthäuten, die Stengelansätze herausschneiden und die Tomaten in Stücke schneiden.
3. Gemüsezwiebeln und Knoblauchzehen abziehen, fein würfeln. Die Fenchelknolle putzen, waschen, achteln.
4. Olivenöl in einem breiten Topf erhitzen. Zwiebeln, Knoblauch, Tomaten, Fenchel hinzufügen, etwa 15 Minuten darin dünsten lassen.
5. Lorbeerblatt und Thymian hinzufügen. Den Fisch in Stücke schneiden, auf das Gemüse geben, mit Salz und Pfeffer würzen, zugedeckt etwa 20 Minuten dünsten lassen.
6. Petersilie abspülen, trockentupfen, die Blättchen von den Stengeln zupfen, fein hacken und über den Fischtopf streuen.

Tip: Als Beilage Stangenweißbrot oder Reis servieren.
Anstelle von Kabeljaufilet oder Rotbarschfilet können Sie auch Schellfisch oder Seelachs verwenden.

Spanischer Fischtopf

Gut vorzubereiten

3 EL Olivenöl
1 Knoblauchzehe
1 Zwiebel
2 Stangen Lauch
(etwa 250 g)
1 kleine Fenchelknolle
(etwa 400 g)
Salz
frisch gemahlener Pfeffer
1 l Fleischbrühe
1 Lorbeerblatt
5 Pfefferkörner
2 Nelken
600 g küchenfertiger Fisch
(z. B. Rotbarsch, Kabeljau,
Seeaal, Schollenfilet)
Zitronensaft
200 g Muschelfleisch
(aus dem Glas)
100 g frische Nordseekrabben
1 Msp. gemahlener Safran

1. Olivenöl erhitzen, die abgezogene, gewürfelte Zwiebel und Knoblauchzehe darin andünsten.

2. Lauch putzen, längs halbieren, waschen, in Streifen schneiden.

3. Fenchelknolle putzen, halbieren, waschen und in Streifen schneiden.

4. Das Gemüse zu den Zwiebelwürfeln geben, kurz mitdünsten, mit Salz und Pfeffer bestreuen und mit Fleischbrühe auffüllen.

5. Lorbeerblatt, Pfefferkörner und Nelken hinzufügen und alles 8–10 Minuten garen lassen.

6. Den küchenfertigen Fisch unter fließendem kaltem Wasser abspülen und trockentupfen.

7. Fisch in 3 x 3 cm große Stücke schneiden, mit Salz und Pfeffer bestreuen. Mit etwas Zitronensaft beträufeln, kurz einziehen lassen und in die Brühe geben.

8. Zugedeckt etwa 8 Minuten garen lassen. Das Muschelfleisch, die Nordseekrabben dazugeben und erwärmen. Etwas Safran dazugeben und evtl. nochmals abschmecken.

Aal, grün

Schnell

1 kg küchenfertiger, enthäuteter Aal
Saft von 1 Zitrone
Salz
1 Bund Suppengrün
1 Zwiebel
5 weiße Pfefferkörner
2 Lorbeerblätter
500 ml Salzwasser
125 ml (1/8 l) Weinessig
1 Bund feingehackter Dill
30 g Butter
35 g Weizenmehl
3 EL gehackte Kräuter (Petersilie, Schnittlauch, Dill)
frisch gemahlener Pfeffer

1. Aal unter fließendem kaltem Wasser abspülen, trockentupfen, entgräten und in Portionsstücke teilen.
2. Mit 3 Eßlöffel Zitronensaft beträufeln, etwa 15 Minuten stehenlassen, trockentupfen und mit Salz würzen.
3. Suppengrün putzen, waschen, in kleine Würfel schneiden. Zwiebel abziehen und halbieren.
4. Gemüsewürfel, Zwiebelhälften, Pfefferkörnern, Lorbeerblättern in das Salzwasser geben und zum Kochen bringen.
5. Weinessig hinzugießen und zum Kochen bringen. Die Aalstücke, Weißwein und Dill hinzufügen, nochmals zum Kochen bringen und 15–20 Minuten gar ziehen lassen.
6. Die Aalstücke herausnehmen, warmstellen. Die Fischbrühe durch ein Sieb gießen und 500 ml davon abmessen.
7. Für die Soße Butter zerlassen und das Mehl unter Rühren so lange erhitzen, bis es hellgelb ist.
8. Die Fischbrühe hinzugießen, kräftig durchschlagen. Die Soße zum Kochen bringen und etwa 5 Minuten kochen lassen.
9. Kräuter unterrühren und die Soße mit Salz, Pfeffer und Zitronensaft abschmecken.

Pochierte Fischroulade

8 Scheiben Steinbeißerfilet
(je etwa 100 g)
Zitronensaft
Salz
frisch gemahlener Pfeffer
1 rote Paprikaschote
1 grüne Paprikaschote
100 g Lauch
4 Schalotten
1 Bund Dill
50 g Butter
100 ml Weißwein
100 ml trockener Wermut
1 Lorbeerblatt

Einfach

1. Steinbeißerfilet unter fließendem kaltem Wasser abspülen, trockentupfen und mit Zitronensaft beträufeln.
2. Den Fisch mit Salz und Pfeffer würzen.
3. Die Paprikaschoten halbieren, entstielen und entkernen. Die weißen Scheidewände entfernen und die Schoten waschen. Den Lauch putzen und gründlich waschen.
4. Die Schalotten abziehen und das Gemüse in feine Würfel schneiden.
5. Dill unter fließendem kaltem Wasser abspülen, trockentupfen, fein schneiden, mit den Gemüsewürfeln mischen und die Gemüsewürfel auf die Filets verteilen.
6. Die Filets zusammenrollen, mit Holzspießchen feststecken und in einen Topf geben.
7. Butter, Weißwein, Wermut und Lorbeerblatt hinzufügen. Die Rouladen bei schwacher Hitze 15–20 Minuten garen.

Tip: Pellkartoffeln und Radieschen-Salat mit Kresse dazureichen.

Fischcurry

Schnell

600 g Rotbarschfilet
Saft von 1 Zitrone
1 Zwiebel
30 g Butter
250 ml Fischfond
Salz
frisch gemahlener Pfeffer
1 Msp. Paprika, edelsüß
1–2 TL Currypulver
360 g Karotten und Erbsen
(aus der Dose)
2 kleine Bananen
gehackte Petersilie

1. Rotbarschfilet unter fließendem kaltem Wasser abspülen, trockentupfen, in Stücke schneiden und mit Zitronensaft beträufeln.
2. Zwiebel abziehen, fein würfeln und in Butter andünsten.
3. Fischfond hinzugeben und aufkochen lassen. Die Fischstücke mit Salz, Pfeffer, Paprika und Curry würzen, zu dem Fond geben und bei kleiner Hitze 6–8 Minuten garen lasssen.
4. Abgetropfte Erbsen und Karotten, kleingeschnittene Bananen dazugeben, heiß werden lassen und mit Salz, Pfeffer und Paprika abschmecken.
5. Mit Petersilie bestreuen.

Fischgulasch, Szegediner Art

Preiswert

2 Zwiebeln
3 EL Speiseöl
500 g Sauerkraut
(aus der Dose)
3 EL Tomatenmark
250 ml ($\frac{1}{4}$ l) Fleischbrühe
Salz
frisch gemahlener Pfeffer
1 EL Zucker
500 g Kabeljaufilet
1 EL Zitronensaft

1. Zwiebeln abziehen, fein würfeln. Öl erhitzen und die gewürfelten Zwiebeln darin goldgelb dünsten.

2. Das Sauerkraut mit einer Gabel lockerzupfen, dazugeben, kurz durchdünsten und das Tomatenmark unterrühren.
3. Die Fleischbrühe hinzugeben und mit Salz, Pfeffer und Zucker abschmecken. Etwa 20 Minuten garkochen lassen.
4. Kabeljaufilet unter fließendem kaltem Wasser abspülen, trockentupfen und mit Zitronensaft beträufeln.
5. Anschließend mit Salz und Pfeffer bestreuen und den Fisch in Stücke schneiden.
6. Die Fischstücke auf das Sauerkraut geben und 5–8 Minuten garziehen lassen. Eventuell nochmals abschmecken.

Tip: Dazu Pellkartoffeln reichen.

Kabeljau, gedünstet

- 1 1/4 kg küchenfertiger Kabeljau (im Stück oder geteilt)
- 2 EL Zitronensaft
- Salz
- frisch gemahlener Pfeffer
- Fett für die Form
- 50 g fette Speckscheiben

1. Kabeljau unter fließendem kaltem Wasser abspülen, trockentupfen, mit Zitronensaft beträufeln, etwa 15 Minuten stehenlassen, wieder trockentupfen.
2. Innen und außen mit Salz und Pfeffer bestreuen.
Den Fisch in eine gefettete, feuerfeste ausgefettete Form (Platte) legen und mit den Speckscheiben bedecken.
3. Auf dem Rost in den Backofen schieben.
Ober-/Unterhizte: 175–200 °C (vorgeheizt)
Heißluft: 160–180 °C (nicht vorgeheizt)
Gas: Stufe 3–4 (vorgeheizt)
Dünstzeit: 40–45 Minuten.

Fisch „Stroganoff“

(für 2 Personen)

400 g Fischfilet (z. B. Kabeljau oder Schellfisch)
Zitronensaft
1 große Zwiebel
1 TL Kapern
250 ml ($\frac{1}{4}$ l) heiße Fleischbrühe
1 EL Speisestärke
2 EL kaltes Wasser
1 EL Tomatenmark
1 TL Senf
Salz
frisch gemahlener Pfeffer
Paprika, edelsüß
2 Gewürzgurken
gehackte Petersilie

Preiswert

1. Fischfilet unter fließendem, kaltem Wasser abspülen, trockentupfen, mit Zitronensaft beträufeln und etwa 15 Minuten stehenlassen.

2. Zwiebel abziehen, fein würfeln und mit Kapern in die Fleischbrühe geben, zum Kochen bringen und etwa 5 Minuten kochen lassen.

3. Speisestärke mit Wasser anrühren, die Brühe damit binden und mit Tomatenmark, Senf, Salz, Pfeffer, Paprika und Zitronensaft würzen.

4. Die Gewürzgurken in feine Streifen schneiden, in die Soße rühren und die Soße einmal aufkochen lassen.

5. Das Fischfilet in Würfel schneiden, in die Soße geben und 15–20 Minuten gar ziehen lassen.

6. Fisch „Stroganoff“ in eine vorgewärmte Schüssel geben und mit Petersilie bestreuen.

Garzeit: 25–30 Minuten.

Tip: Dazu Pellkartoffeln und Eisbergsalat servieren.

Fischroulade mit Champignons und Safransoße

Schnell

4 Dorschfilets à 150 g
1 Zitrone (unbehandelt)
400 g kleine Champignons
50 g Butter
Salz
frisch gemahlener Pfeffer
½ Bund gehackte glatte Petersilie
Dill
125 ml (⅛ l) Fischfond
12 Safran-Fäden
1 Becher (250 g) Crème fraîche
1 Prise Zucker
40 g Butterflocken

1. Fischfilets unter fließendem kaltem Wasser abspülen, trockentupfen und mit dem Zitronensaft etwa 10 Minuten marinieren.

2. Champignons putzen, waschen und grob hacken.

3. Butter in einem Topf erhitzen, Pilze hinzugeben, mit Salz, Pfeffer würzen, Petersilie und Dill hinzugeben.

4. Das Fischfilet längs halbieren, so daß das Filet zusammen bleibt, flachdrücken, mit der Champignonmasse füllen und aufrollen. Jede Fischroulade in Alufolie einwickeln.

5. Fischfond aufkochen, die in Alufolie gewickelte Fischroulade hineinlegen und 8–10 Minuten ziehen lassen.

6. Fischfilet aus dem Topf nehmen, aus der Alufolie herausnehmen und warm stellen.

7. Safranfäden in den Sud einrühren, Crème fraîche hinzugeben, mit Salz, Pfeffer und Zucker abschmecken, dann Butterflocken einrühren.

8. Die Fischfilets in die warme Soße legen und nochmals 5 Minuten ziehen lassen.

Tip: Als Beilage Butternudeln oder Reis und frischen Salat reichen.

Zwiebelfisch

4 Seelachsfilets (je 200 g)
2 EL Zitronensaft
600 g Gemüsezwiebeln
100 g durchwachsener Speck
1 EL Butter
Salz
frisch gemahlener Pfeffer
Paprika, edelsüß
150 g (1 Becher) Crème fraîche

Preiswert

1. Seelachsfilet unter fließendem kaltem Wasser abspülen, trockentupfen, mit Zitronensaft beträufeln und 15 Minuten stehen lassen.
2. Gemüsezwiebeln abziehen, vierteln und in Streifen schneiden.
3. Speck in Würfel schneiden. Die Butter erhitzen und die Speckwürfel darin ausbraten. Die Zwiebelstreifen hinzufügen und gut darin andünsten.
4. Speck-Zwiebel-Mischung mit Salz, Pfeffer und Paprika würzen und im geschlossenen Topf etwa 5 Minuten dünsten lassen.
5. Crème fraîche unterrühren und nochmals mit den Gewürzen abschmecken.
6. Die Fischfilets trockentupfen und mit Salz, Pfeffer und Paprika bestreuen. Die Filets auf das Zwiebelgemüse legen und im geschlossenen Topf 7–8 Minuten dünsten lassen. Den Fisch nach etwa der Hälfte der Garzeit wenden.
Dünstzeit: Etwa 15 Minuten.

Tip: Als Beilage Reis und gemischten Salat servieren.

Gedünstete Dorschschnitten

4 Scheiben Dorsch (je etwa 200 g)
Salz
frisch gemahlener Pfeffer
100 ml trockener Weißwein
100 ml trockener Wermut
4 EL Wasser

200 g Möhren
200 g tiefgekühlter Broccoli
80 g kalte Butter
4 EL Crème fraîche

Einfach

1. Dorschscheiben unter fließendem kaltem Wasser abspülen, trockentupfen, mit Salz und Pfeffer würzen und in einen Topf geben.
2. Mit Weißwein und Wermut angießen und den Fisch etwa 20 Minuten garen.
3. Möhren putzen, schälen, waschen und in feine Streifen schneiden.
4. Den Fisch herausnehmen, warm stellen, die Möhren und Broccoli in den Sud geben, 15 Minuten dünsten lassen und herausnehmen.
5. Den Sud etwas einkochen lassen und die kalte Butter in Flöckchen unterschlagen.
6. Crème fraîche unterrühren, mit Salz und Pfeffer würzen.

Tip: Dazu Reis und Weißwein servieren.

Geschmorter Dorsch

4 Dorschkoteletts
3 Knoblauchzehen
1 Bund Petersilie
1/2 TL Salz
frisch gemahlener Pfeffer
1 EL Butter
Saft von 1/2 Zitrone

1. Fisch unter fließendem kaltem Wasser abspülen und trockentupfen.
2. Knoblauchzehen abziehen und fein hacken.
3. Petersilie abspülen, trockentupfen, die Blättchen von den Stengeln zupfen und fein hacken.
4. Butter zerlassen, die Fischkoteletts hineingeben und die Petersilien-Knoblauchmasse darüber verteilen und mit Salz und Pfeffer würzen.
5. Mit dem Zitronensaft beträufeln und den Fisch zugedeckt bei schwacher Hitze etwa 25 Minuten schmoren lassen.

Pochierter Heilbutt auf Lauchgemüse

4 Heilbuttsteaks à 200 g
Zitronensaft
Salz
frisch gemahlenr Pfeffer
125 ml (1/8 l) Weißwein
125 ml (1/8 l) Fischfond
40 g Butter
Cayennepfeffer
Zucker

Für das Gemüse:

1 kg Lauch
50 g Butter
125 ml (1/8 l) Schlagsahne
125 ml (1/8 l) Gemüsebrühe
geriebene Muskatnuß

Für die Soße:

5 mittelgroße Limetten
250 ml (1/4 l) Fischsud vom pochierten Heilbutt
1 1/2 EL Zucker
100 ml saure Sahne, Salz
evtl. Curry oder Safran

1. Heilbuttsteaks unter fließendem kaltem Wasser abspülen, trockentupfen, mit Zitrone beträufeln und mit Salz und Pfeffer würzen.

2. Weißwein und Fischfond aufkochen, Butter einrühren, mit Salz, Cayennepfeffer und Zucker pikant abschmecken. Den Fisch hinzugeben und bei schwacher Hitze etwa 8 Minuten ziehen lassen.

3. Heilbutt warm stellen. Den Sud durch ein Haarsieb geben und für die Limettensoße verwenden.

4. Lauch putzen, die Stangen halbieren, waschen und in 1 cm breite Streifen schneiden.

5. Butter zerlassen, den Lauch hinzufügen, Sahne und Brühe dazu gießen.

6. Mit Salz, Pfeffer und Muskatnuß abschmecken. 12–15 Minuten köcheln lassen, so daß eine cremige Soße entsteht. Den Lauch auf eine Platte legen und warmstellen.

7. Für die Soße die Limetten auspressen, den Fischsud aufkochen lassen und den Limettensaft hinzugeben, etwa um ein Drittel einkochen lassen.

8. Die Soße mit Salz, Pfeffer,

Fortsetzung auf Seite 38

Zucker und evtl. mit Curry oder Safran pikant abschmecken.

9. Saure Sahne in die nicht kochende Soße geben,
10 Minuten ziehen lassen und abschmecken.

10. Heilbutt auf das Lauchgemüse legen und die Limettensoße über den Fisch und das Gemüse geben.

Feinschmecker-Röllchen

Gut vorzubereiten

600 g Spinat
kochendes Salzwasser
500–600 g Lachs
500 g Rotbarschfilet
1 Becher (150 g) Crème fraîche
Zitronensaft
Salz, frisch gemahlener Pfeffer
750 ml (¾ l) Wasser

1. Spinat verlesen, grobe Stiele abschneiden, waschen, in einen Topf geben und erhitzen, bis er zusammenfällt.

2. Zehn 20 cm lange Stücke Klarsichtfolie auf eine Tischplatte ausbreiten und mit den abgetropften Spinatblättern belegen.

3. Lachs enthäuten, entgräten, unter fließendem kaltem Wasser abspülen, trockentupfen und in dünne Scheiben schneiden.

4. Die Lachsscheiben auf dem Spinat verteilen, so daß er bedeckt ist.

5. Rotbarschfilet unter fließendem kaltem Wasser abspülen, trockentupfen, in feine Streifen schneiden und mit dem Schneidstab des elektrischen Handrührgerätes pürieren.

6. Crème fraîche unter die Fischmasse heben und die Masse mit Zitronensaft, Salz und Pfeffer abschmecken.

7. Die Masse auf die Lachsscheiben verteilen. Die einzelnen Quadrate mit Hilfe der Klarsichtfolie aufrollen.

8. Die Röllchen von der Folie heben und in den Einsatz eines Dämpfers legen.

9. Wasser zum Kochen bringen und den Einsatz hineingeben und im geschlossenen Topf 30 Minuten dämpfen lassen.

Seezungen-röllchen

Schnell

12–16 Seezungenfilets (etwa 700 g)	
375 ml ($\frac{3}{8}$ l) trockener Weißwein	
Salz	
frisch gemahlener Pfeffer	
6 weiße Pfefferkörner	
1 TL Senfkörner	
1 TL gerebelter Estragon	
Scheiben von $\frac{1}{2}$ Zitrone (unbehandelt)	
Tomatenachtel	
Kresseblättchen	

1. Seezungenfilets unter fließendem kaltem Wasser abspülen und trockentupfen.
2. Weißwein, Salz, Pfefferkörner, Senfkörner, Estragon, Pfeffer, Zitronenscheiben zum Kochen bringen und 5 Minuten kochen lassen.
3. Die Seezungenfilets zu Röllchen formen, mit Holzspießchen feststecken, in die Flüssigkeit geben und zum Kochen bringen.
4. Gar ziehen lassen und die garen Seezungenröllchen auf einer vorgewärmten Platte anrichten (Holzspießchen vorher entfernen).
5. Mit Zitronenscheiben, Tomatenachteln und Kresseblättchen garnieren.
Kochzeit: etwa 5 Minuten.

Tip: Als Beilage Kresse-Hollandaise, Stangenweißbrot oder Petersilien-Kartoffeln reichen.

Rotbarschfilet „Helgoland“

Schnell

- 750 g Rotbarschfilet
- Zitronensaft
- Salz
- 2 Zwiebeln
- 50 g Butter
- 200 ml Weißwein
- 150 g (1 Becher) Crème fraîche
- 6–7 EL Tomaten-Ketchup
- frisch gemahlener Pfeffer
- Paprika, edelsüß
- Zucker
- 2 EL gehackte Petersilie

1. Rotbarschfilet unter fließendem kaltem Wasser abspülen, trockentupfen, mit Zitronensaft beträufeln, etwa 15 Minuten stehen lassen und nochmals trockentupfen.
2. Die Filets mit Salz bestreuen.
3. Zwiebeln abziehen und fein würfeln. Die Butter zerlassen und die Zwiebelwürfel darin glasig dünsten.
4. Fisch und Weißwein hinzufügen, zum Kochen bringen und im geschlossenen Topf 12–15 Minuten gar dünsten.
5. Den garen Fisch evtl. in Portionsstücke schneiden, auf einer vorgewärmten Platte anrichten und warm stellen.
6. Für die Soße den Fischsud durch ein Sieb gießen, Crème fraîche und und Tomaten-Ketchup unterrühren und zum Kochen bringen.
7. Die Soße etwas einkochen lassen und mit Pfeffer, Paprika und Zucker abschmecken.
8. Die Soße über den Fisch geben und mit der gehackten Petersilie bestreuen.

Tip: Dazu Kroketten und Tomatensalat reichen.

Seezungenfilets mit Anisreis

2 Tassen Langkornreis
3 EL Wildreis
100 g Butter
etwa ½ TL gemahlener Anis
1 TL Fischgewürz
8 Seezungenfilets
2 TL Zitronensaft
2 Fenchelknollen (mittelgroß, Fenchelgrün aufbewahren)
500 ml (½ l) Salzwasser
1 Pampelmuse, filitiert

Für die Sosse:

1 Sauce Hollandaise (Ubena)
200 ml kaltes Wasser
75 g Butter
1 EL Schlagsahne

1. Langkornreis in leicht gesalzenem Wasser etwa 15 Minuten garen lassen. Den Wildreis extra kochen und etwa 40 Minuten garen lassen.
2. 30 g der Butter zerlassen, den Reis hinzufügen und mit dem Anis abschmecken.
3. Fischgewürz in Salzwasser mit etwas Zitronensaft aufkochen, die gesäuberten Seezungenfilets hineinlegen und etwa 3 Minuten bei schwacher Hitze garziehen lassen.
4. Die Fenchelknollen putzen, waschen, in dünne Spalten schneiden, das Fenchelgrün beiseite legen. Die Fenchelstreifen etwa 10 Minuten in gesalzenem Wasser kochen, abgießen und in der restlichen, zerlassenen Butter schwenken.
5. Die Sauce Hollandaise nach Packungsanweisung mit Wasser, Butter und Schlagsahne zubereiten.
6. Seezungenfilets, Fenchelgemüse, Pampelmusenfilets, Anisreis und die Soße auf Tellern anrichten. Mit Fenchelgrün garnieren.

Tip: Dazu Feldsalat mit Orangenfilets und einen trockenen Weißwein servieren.

Kabeljau in Buttersosse

Schnell

- 4 Scheiben Kabeljau (je etwa 200 g)
- Salz
- frisch gemahlener Pfeffer
- Zitronensaft
- 2 Möhren
- 100 g Knollensellerie
- 1 Zwiebel
- 1 kleine Stange Lauch
- 100 g Butter
- Zitronensaft

1. Kabeljau unter fließendem kaltem Wasser abspülen, trockentupfen, mit Salz und Pfeffer bestreuen und mit dem Zitronensaft beträufeln.
2. Die Möhren putzen, schälen und waschen. Sellerie schälen und waschen.
3. Zwiebel abziehen, Lauch putzen und gründlich waschen.
4. Das Gemüse in Streifen schneiden. Eine feuerfeste Form mit 20 g der Butter ausstreichen. Anschließend das Gemüse hineingeben, den Fisch darauf legen, die Form auf dem Rost in den Backofen schieben.
Ober-/Unterhitze: etwa 175 °C (vorgeheizt)
Heißluft: etwa 150 °C (nicht vorgeheizt)
Gas: Stufe 2–3 (vorgeheizt)
Garzeit: etwa 20 Minuten
5. Den Fischsud in einen Topf gießen, zum Kochen bringen, etwas einkochen lassen.
6. Den Rest der Butter in Flöckchen unterschlagen, bis eine sämige Soße entstanden ist. Die Soße mit Salz, Pfeffer und Zitronensaft abschmecken.

Tip: Reis oder Nudeln dazu reichen.

Fischfilets mit Knoblauchcreme

1 Zwiebel
1 Zitrone (unbehandelt)
1 Möhre
1 Lorbeerblatt
500 ml (½ l) Salzwasser
4 Seelachsfilets (je 200 g)
1 Eigelb
1 TL mittelscharfer Senf
1 EL Zitronensaft
4 Knoblauchzehen
4 EL Olivenöl
250 g Speisequark
Salz
frisch gemahlener Pfeffer

1. Zwiebel abziehen und in Ringe schneiden.
2. Die Zitrone waschen, Möhre putzen, schälen und waschen. Beide Zutaten in Scheiben schneiden.
3. Zwiebelringe, Möhren- und Zitronenscheiben, Lorbeerblatt und Salzwasser zum Kochen bringen, etwa fünf Minuten schwach kochen lassen und durch ein Sieb geben.
4. Die Seelachsfilets unter fließendem kaltem Wasser abspülen, in den Sud geben und etwa 10 Minuten pochieren. Herausnehmen und abtropfen lassen.
5. Für die Knoblauchcreme Eigelb, Senf und Zitronensaft verschlagen.
Die Knoblauchzehen abziehen, fein würfeln und hinzugeben.
6. Olivenöl und Speisequark unterrühren und die Knoblauchcreme mit Salz und Pfeffer abschmecken.
7. Die pochierten Seelachsfilets auf Portionsteller geben und mit der Knoblauchcreme anrichten.

Tip: Dazu Pellkartoffeln oder Reis und eine Salatplatte reichen.

Lachsfilet in Weisswein

4 Lachsfilets
150 g Rotbarschfilet
1 Ei
360 ml Schlagsahne
Salz
frisch gemahlener Pfeffer
2 Tomaten
100 g Gurke
4 große Champignons
2 Schalotten
Butter für die Form
200 ml trockener Weißwein
1 Lorbeerblatt

1. Fisch unter fließendem kaltem Wasser abspülen und trockentupfen.
Lachs beiseite stellen und den Rotbarsch in feine Stücke schneiden.
2. Ei mit 60 ml Schlagsahne zu einer cremigen Masse schlagen, mit Salz und Pfeffer würzen. Die Farce auf die Lachsfilets streichen.
3. Tomaten kurze Zeit in kochendes Wasser legen (nicht kochen lassen), in kaltem Wasser abschrecken, enthäuten, die Stengelansätze herausschneiden und in Scheiben schneiden.
4. Gurke abspülen, Champignons putzen, abspülen, trockentupfen und beides in Scheiben schneiden.
5. Das geschnittene Gemüse auf die Lachsfilets anrichten.
6. Schalotten abziehen und fein würfeln. Eine Kasserolle mit Butter ausfetten, Fisch und Schalotten hineingeben.
7. Weißwein und Lorbeerblatt hinzufügen. Den Fisch in etwa 20 Minuten gar dünsten, herausnehmen und warmstellen.
8. Für die Soße die restliche Schlagsahne in den Fischfond gießen und zu einer cremigen Soße einkochen lassen. Mit Salz und Pfeffer abschmecken und mit den Lachsfilets servieren.

Steinbutt im Fischfond

Schnell

2 Gläser Fischfond (800 ml)
8 Frühlingszwiebeln
250 g Möhren
4 Stangen Staudensellerie
100 g Butter
4 Steinbuttfilets à 200 g
125 g Crème fraîche
1–2 TL feingehackter Kerbel
Salz
frisch gemahlener Pfeffer

1. Den Fischfond bei milder Hitze im offenen Topf etwa bis auf zwei Drittel einkochen.
2. Die Frühlingszwiebeln längs halbieren, waschen, abtropfen lassen und in 6 cm lange Streifen schneiden.
3. Die Möhren schälen, waschen, längs halbieren und schräg in sehr dünne Scheiben schneiden.
4. Staudensellerie putzen, die harten Außenfäden abziehen, waschen, in 2 cm dicke Scheiben schneiden.
5. Möhren und Staudensellerie im Fond 10 Minuten, die Frühlingszwiebeln etwa 5–8 Minuten ziehen lassen.
6. Den Fond durch ein Sieb abgießen und auffangen.
7. Das Gemüse in 50 g Butter schwenken und warm halten.
8. 125 ml ($^{1}/_{8}$ l) Fond abmessen. Den Steinbutt im restlichen Fond auf ausgeschalteter Herdplatte 7 Minuten ziehen lassen.
9. Mit Crème fraîche leicht cremig einkochen. Die restliche Butter in Flöckchen unterschlagen.
10. Die Soße mit Kerbel, Salz und Pfeffer würzen.
11. Auf vorgewärmte Portionsteller verteilen, den abgetropften Steinbutt darauflegen. Mit dem Gemüse garniert sofort servieren.

Tip: Als Beilage Reis und einen trockenen Weißwein reichen.

Akvavit
42% vol
AKTIESELSKABET
SPRITFABRIKKER
AALBORG

Seezungen-röllchen in Weisswein-Sahne

8 Seezungenfilets
(etwa 600 g)
4 EL Zitronensaft
200 ml Weißwein
200 ml Fischfond
10 g Butter
1 TL Salz
100 g Tiefseekrabbenfleisch
125 ml ($^1/_8$ l) Schlagsahne
2 Eigelb
Salz
frisch gemahlener Pfeffer

1. Seezungenfilet unter fließendem kaltem Wasser abspülen und trockentupfen.
2. Mit Zitronensaft beträufeln, aufrollen, mit Holzspießchen fest zusammenstecken.
3. Weißwein mit Fischfond und Butter und Salz zum Kochen bringen. Die Seezungenröllchen darin etwa 12 Minuten bei mittlerer Hitze dünsten.
4. Kurz vor Beendigung der Garzeit das Krabbenfleisch hinzufügen und miterhitzen. Fisch und Krabbenfleisch herausnehmen und warm stellen.
5. Den Fischsud um ein Drittel reduzieren. Sahne hinzufügen und kurz aufkochen lassen.
6. Die Soße mit den Eigelb legieren, nicht mehr kochen lassen.
7. Mit Salz und Peffer abschmecken.
8. Die Weißweinsahne mit Seezungenröllchen und Krabben servieren.
Zubereitungszeit: 20 Minuten.

Seelachsragout

750 g Seelachsfilet
Zitronensaft
Salz
frisch gemahlener Pfeffer
Weizenmehl
3–4 EL Speiseöl
2 Zwiebeln
2 Stangen Lauch

etwa 70 g Tomatenmark (aus der Dose)
2 EL Weizenmehl
1 EL Paprika, edelsüß
375 ml ($\frac{3}{8}$ l) heiße Fleischbrühe
1 TL gerebelter Majoran
200 g Champignons
1 Zwiebel
1 Knoblauchzehe
1–2 EL Butter
5–6 EL Weißwein
2 EL Crème fraîche

1. Seelachsfilet unter fließendem kaltem Wasser abspülen, trockentupfen. Mit Zitronensaft beträufeln, etwa 15 Minuten stehenlassen, trockentupfen und in Würfel schneiden.
2. Mit Salz und Pfeffer würzen. Anschließend mit Weizenmehl bestäuben.
4. Das Speiseöl erhitzen und den Fisch darin anbraten. Den Fisch herausnehmen.
5. Die Zwiebeln abziehen und würfeln. Lauch putzen, längs halbieren, waschen, in Ringe schneiden und mit den Zwiebeln in dem Bratfett andünsten.
6. Das Tomatenmark unterrühren, mit Weizenmehl bestäuben und durchdünsten lassen.
7. Paprikapulver und Fleischbrühe hinzugeben. Mit Salz, Pfeffer und Majoran würzen und zum Kochen bringen. Alles etwa 10 Minuten kochen lassen.
8. Champignons putzen, waschen, halbieren. Zwiebel und Knoblauchzehe abziehen, fein würfeln. Die Butter zerlassen und die Zwiebel- und Knoblauchwürfel darin andünsten. Die Champignons hinzufügen, etwa 5 Minuten dünsten lassen, mit dem Fisch in die Gemüsesoße geben.
9. Weißwein unterrühren, zum Kochen bringen, etwa 10 Minuten ziehen lassen.
10. Nach Belieben Crème fraîche unterrühren. Das Seelachsragout mit Salz, Pfeffer und Majoran abschmecken.
Garzeit: 35 Minuten.

Tip: Curry-Reis und gemischten Salat dazu reichen.

Schleien in Senfsosse

- 4 küchenfertige Schleien (etwa 200 g)
- 250 ml (1/4 l) trockener Weißwein
- 125 ml (1/8 l) Wasser
- 1 Lorbeerblatt
- 1 Msp. gerebelter Thymian
- 1 gehäufter TL Salz
- 10 Pfefferkörner
- 1–2 EL Weizenmehl
- 125 ml (1/8 l) saure Sahne
- 1 Eigelb
- 2 EL Milch oder Sahne
- 2 EL mittelscharfer Senf
- 40 g Butter
- frisch gemahlener Peffer
- Zucker
- 2 EL gehackte Petersilie
- Zitronenachteln
- Tomatenachteln

1. Die küchenfertigen Schleien unter fließendem kaltem Wasser abspülen und trockentupfen.

2. Weißwein mit Wasser, Lorbeerblatt, Thymian, Salz und Pfefferkörnern zum Kochen bringen und den Fisch 20 Minuten garziehen lassen.

3. Die Schleien auf einer vorgewärmten Platte anrichten und im vorgeheizten Backofen warm stellen.

4. Für die Senfsoße die Fischbrühe durch ein Sieb gießen, 250 ml (1/4 l) davon abmessen und zum Kochen bringen.

5. Weizenmehl mit saurer Sahne anrühren, unter die Fischbrühe rühren, zum Kochen bringen, etwa 5 Minuten kochen lassen.

6. Eigelb mit Milch oder Sahne und Senf verschlagen. Die Soße damit abziehen, Butter dazugeben und unterrühren.

7. Mit Pfeffer und Zucker abschmecken. Die Soße über die Schleien geben und mit gehackter Petersilie bestreuen.

8. Mit Zitronen- und Tomatenachteln garnieren.

Tip: Als Beilage Salzkartoffeln reichen.

Karpfen blau, gedünstet

Einfach

1 1/4 kg küchenfertige Karpfen

Salz

500 ml (1/2 l) kochendheißes Essigwasser

Fett für die Form

50 g zerlassene Butter

1. Karpfen unter fließendem kaltem Wasser abspülen und trockentupfen.
2. Innen mit Salz abreiben (nicht von außen salzen, da dann der Schleim, der die Blaufärbung hervorruft, verletzt würde).
3. Den Karpfen auf dem Rost auf eine Fettfangschale setzen (Karpfen auf eine geschälte rohe Kartoffel setzten).
4. Mit dem kochendem Essigwasser übergießen, der Zugluft aussetzen. Den Karpfen in eine gefettete, feuerfeste Form (Platte) setzen (mit der Kartoffel).
5. Auf dem Rost in den vorgeheizten Backofen schieben. Der Karpfen ist gar, wenn sich die Rückenflosse leicht herausziehen läßt.
6. Fünf Minuten vor Beendigung der Dünstzeit den Karpfen mit der zerlassenen Butter übergießen, damit die Farbe erhalten bleibt.
7. Den Karpfen sofort servieren (blau gedünstete Fische nicht der Nachhitze aussetzen, da sie sonst ihre Farbe verlieren).
Ober-/Unterhitze: 175–200 °C (vorgeheizt)
Heißluft: etwa 180 °C (nicht vorgeheizt)
Gas: Stufe 2–3 (vorgeheizt)
Dünstzeit: 40–50 Minuten.

Tip: Anstelle von Karpfen können auch Forellen (rundgebunden, ohne Kartoffel) verwendet werden. Dünstzeit: 25–30 Minuten.

Seezunge in Safransoße mit Morcheln

Einfach

40 g getrocknete Morcheln
150 ml Wasser
4 Seezungenfilets (à 200 g)
2 Schalotten
150 g Butter
100 ml trockener Weißwein
100 ml trockener Wermut
120 g Prinzeßbohnen
2 kleine Möhren
kochendes Salzwasser
Salz
frisch gemahlener Pfeffer
0,2 g Safranpulver (2 Tütchen)
1 EL Crème fraîche

1. Morcheln im Wasser 1–2 Stunden einweichen lassen.
2. Seezungenfilets unter fließendem kaltem Wasser abspülen und trockentupfen.
3. Schalotten abziehen und in feine Streifen schneiden.
4. 50 g der Butter zerlassen, Schalotten darin andünsten und den Fisch darauf geben.
5. Weißwein und Wermut mit etwas gefiltertem Morchelsud hinzugießen und den Fisch darin 15–20 Minuten garen.
6. Prinzeßböhnchen putzen, abfädeln und waschen.
7. Möhren putzen, schälen, waschen und in feine Streifen schneiden.
8. Bohnen und Möhren in kochendes Salzwasser geben, 8 Minuten garen und auf einem Sieb abtropfen lassen.
9. Den Fisch aus dem Topf nehmen und mit dem Gemüse warm stellen.
10. Die Morcheln in den Sud geben und einkochen lassen.
11. Die restliche Butter in Flöckchen unterschlagen. Die Soße mit Salz, Pfeffer, Safran abschmecken und mit Crème fraîche verfeinern.

Schellfisch in Dillsoße

1 küchenfertiger Schellfisch (etwa 750 g)
Saft von 1 Zitrone
Salz
frisch gemahlener Pfeffer
Butter für die Form
3 Scheiben durchwachsener Speck
250 ml (¼ l) Fischsud
125 ml (⅛ l) Weißwein
30 g weiche Butter
30 g Weizenmehl
125 ml (⅛ l) Schlagsahne
Zucker
evtl. Zitronensaft
2 EL feingehackter Dill

1. Fisch unter fließendem kaltem Wasser abspülen, trockentupfen und mit dem Zitronensaft beträufeln.
2. Mit Salz und Pfeffer bestreuen, in eine längliche, mit Butter ausgestrichene Glasform legen.
3. Speck auf den Fisch legen und die Form auf dem Rost in den Ofen schieben.
Ober-/Unterhitze: etwa 200 °C (vorgeheizt)
Heißluft: etwa 180 °C (nicht vorgeheizt)
Gas: Stufe 3 (vorgeheizt)
Garzeit: 15–20 Minuten.
4. Nach Garende den Fisch aus der Form herausnehmen, den Fischsud mit dem Wein aufgießen und etwas einkochen lassen.
5. Butter und Weizenmehl verkneten, zu dem Sud geben und so lange verrühren, bis eine sämige Soße entstanden ist.
6. 3–4 EL Sahne hinzugeben, mit Pfeffer, Salz und Zucker und evtl. Zitronensaft abschmecken.
7. Die restliche Sahne steif schlagen und unter die Soße heben. Mit Dill bestreuen und die Soße zum Fisch reichen.

Tip: Dazu Salzkartoffeln und Gurkensalat servieren.

Schollenfilets mit Shrimps

16 Schollenfilets
(je etwa 60 g)
Salz
frisch gemahlener Pfeffer
3 EL Weizenmehl
125 ml (⅛ l) Speiseöl
4 Scheiben Toastbrot
1 Bund Petersilie
150 g Butter
200 g Shrimps

Einfach

1. Die Schollenfilets unter fließendem kaltem Wasser abspülen, trockentupfen, mit Salz und Pfeffer würzen und mit Mehl bestäuben.
2. Öl in einer beschichteten Pfanne erhitzen. Die Filets darin 10–15 Minuten braten und warm stellen.
3. Toastbrot in Würfel schneiden. Die Petersilie abspülen, trockentupfen, die Blättchen von den Stengeln zupfen und fein hacken.
4. Butter in einer zweiten Pfanne zerlassen und Toastwürfel darin bräunen.
5. Die Petersilie und Shrimps unterrühren, erhitzen, mit Salz und Pfeffer abschmecken und über die Filets geben.

Tip: Endiviensalat und Reis dazu reichen.

Rotbarschfilets mit Wildreisplätzchen

Für den Fisch:
4 Rotbarschfilets (je 200 g)
Saft von 1 Zitrone
Salz
geschroteter Pfeffer
60 g Butter

Für die Wildreisplätzchen:
80 g wilder Reis
½ Stange Lauch
50 g Butter
1 Ei

FÜR DIE CHAMPAGNERSENFSOSSE:

2 Schalotten
50 g Butter
1 EL Weizenmehl
250 ml (¼ l) trockener Weißwein
2 EL Champagnersenf
250 g Schlagsahne

1. Die Rotbarschfilets unter fließendem kaltem Wasser abspülen, trockentupfen und mit Zitronensaft beträufeln.
2. Filets mit Salz und Pfeffer würzen. Den Pfeffer etwas andrücken.
3. Für die Wildreisplätzchen den Wildreis in 2 l Salzwasser 35–40 Minuten kochen, auf ein Sieb geben, abtropfen und abkühlen lassen.
4. Lauch putzen, gründlich waschen und in feine Streifen schneiden. Etwas Butter zerlassen, Lauch darin andünsten, herausnehmen und abkühlen lassen.
5. Für die Wildreisplätzchen Reis, Lauch und Ei vermengen, mit Salz und Pfeffer würzen.
6. Restliche Butter zerlassen und mit einem Eßlöffel kleine Häufchen der Masse hineinsetzen.
7. Reishäufchen flachdrücken und von jeder Seite 2 Minuten braten.
8. Die 60 g Butter zerlassen und die marinierten Rotbarschfilets darin 15–20 Minuten braten und warm stellen.
9. Für die Soße die Schalotten abziehen und fein würfeln. Einen Teil der Butter zerlassen und die Schalotten glasig dünsten.
10. Das Mehl mit einem Schneebesen einrühren und mit dem Weißwein ablöschen.
11. Die Soße unter ständigem Rühren zum Kochen bringen. Dabei die restliche Butter, den Senf und die Sahne unterrühren.
12. Die Soße etwa 3 Minuten köcheln, mit Salz und Pfeffer abschmecken.

Tip: Mit Radicchiosalat oder Feldsalat servieren.

Forellenfilets mit Fenchel in Orangensoße

8 Forellenfilets oder
4 ganze Forellen
(pro Person 200 g Filet)
Zitronensaft
Worcestersauce
Salz
frisch gemahlener Pfeffer
50 g Weizenmehl
2 Eier
100 g Semmelbrösel
125 ml (1/8 l) Speiseöl
400 g Fenchel
etwas Fenchelkraut
250 ml (1/4 l) Wasser
Dillzweige oder Dillsamen
Salz
frisch gemahlener Pfeffer
Curry
Kreuzkümmel

Für die Sosse:

5 saftige Orangen
50 g kalte Butter
2 EL Zucker
etwa 125 ml (1/8 l) Rotweinessig
Saft von 1 Zitrone
abgeriebene Schale 1 Orange (unbehandelt)
200 ml Fischbrühe oder Fenchelfond vom Blanchieren

1. Forellenfilets unter fließendem kaltem Wasser abspülen, trockentupfen, mit Zitronensaft und Worcestersoße beträufeln und mit Salz und Pfeffer würzen.

2. Fisch zuerst in Mehl, dann in Ei und Semmelbröseln wenden. Die Panade gut andrücken.

3. Speiseöl in die Pfanne geben und den Fisch von beiden Seiten 3–5 Minuten goldgelb braten.

4. Fenchel putzen, halbieren und in Scheiben schneiden. Fenchelkraut abspülen, trockentupfen. Wasser erhitzen und Fenchel mit Dill, Salz, Pfeffer, Curry und Kreuzkümmel bei schwacher Hitze 10–15 Minuten garen. Die letzten 5 Minuten das Fenchelkraut hinzugeben.

5. Für die Soße die Orangen auspressen und aufkochen lassen.

Fortsetzung auf Seite 62

6. Butter einrühren, Rotweinessig, Zitronensaft, Orangenschale, hinzugeben und mit Salz und Pfeffer abschmecken.
7. Mit Brühe oder Fenchelfond angießen und mit Butterflocken abschmecken.
8. Die Soße über Fisch und Fenchel geben.

Tip: Dazu Salzkartoffeln oder Reis reichen.

Forellen Florentine

Gut vorzubereiten

- 600 g (2 Packungen) tiefgekühlter Blattspinat
- 80 g durchwachsener Speck
- 1 Zwiebel
- Salz
- frisch gemahlener Pfeffer
- Fett für die Form
- 4 küchenfertige Forellen (je etwa 200 g)
- Zitronensaft
- 3–4 EL Weizenmehl
- 60 g Butter
- 3 EL Weißwein
- 1 Becher Crème fraîche

1. Spinat bei Zimmertemperatur auftauen lassen. Den Speck in kleine Würfel schneiden und auslassen.
2. Zwiebel abziehen, fein würfeln und in den ausgelassenen Speckwürfeln glasig dünsten lassen. Den Spinat hinzufügen und einige Minuten darin dünsten. Anschließend mit Salz und Pfeffer abschmecken.
3. Den Spinat in eine gefettete Auflaufform geben.
4. Die Forellen unter fließendem kaltem Wasser abspülen und trockentupfen. Innen und außen mit Zitronensaft beträufeln und etwa 15 Minuten stehen lassen. Wieder trockentupfen und mit Salz bestreuen.
5. Den Fisch im Weizenmehl wenden. Butter erhitzen und die Forellen von beiden Seiten darin goldbraun braten. Nebeneinander auf den Spinat legen.
6. Die Auflaufform auf dem Rost in den Backofen schieben.

7. Den Bratensatz mit Weißwein loskochen und durch ein Sieb gießen.
8. Crème fraîche unterrrühren und mit Salz und Pfeffer abschmecken.
9. Kurz vor Beendigung der Backzeit die Soße über die Forellen verteilen, kurz mitbacken lassen.
Ober-/Unterhitze: etwa 200 °C (vorgeheizt)
Heißluft: etwa 180 °C (nicht vorgeheizt)
Gas: Stufe 4 (vorgeheizt)
Backzeit: etwa 20–25 Minuten.

OFENHERINGE

4–6 küchenfertige grüne Heringe
Salz
frisch gemahlener Pfeffer
Butter für die Form
4–6 EL Weißwein
3 EL Crème fraîche
3 EL Semmelbrösel
2 EL gehackte Petersilie
Paprika, edelsüß
40 g Butterflöckchen

1. Heringe unter fließendem kaltem Wasser abspülen, trockentupfen und innen und außen mit Salz und Pfeffer bestreuen.
2. Eine Fettpfanne mit Butter bestreichen, Weißwein hineingeben und die Heringe nebeneinander hineinlegen.
3. Crème fraîche darüber verteilen. Semmelbrösel mit Petersilie und Paprika verrühren und über die Heringe geben.
4. Butterflöckchen darauf setzen.
5. Die Form auf dem Rost in den Backofen schieben.
Ober-/Unterhizte: 200–225 °C (vorgeheizt)
Heißluft: 180–200 °C (nicht vorgeheizt)
Gas: Stufe 4–5 (vorgeheizt)
Garzeit: 20–25 Minuten.

Tip: Kräuterkartoffeln und Tomatensalat dazu servieren.

Gebratene Scholle

(Foto, für 2 Personen)

2 küchenfertige Schollen
Saft von 1 Zitrone
Salz, Pfeffer
2 EL Weizenmehl
2 EL Butter
1 El gehackte Petersilie
Zitronenscheiben
1 Zweig Dill

1. Die Schollen unter fließendem kaltem Wasser abspülen, trockentupfen, mit dem Zitronensaft beträufeln, 15 Minuten stehenlassen und trockentupfen.

2. Die Fische mit Salz und Pfeffer bestreuen, in Mehl wenden.

3. Butter in einer Pfanne zerlassen und die Fische von beiden Seiten darin braten. Die Schollen auf vorgewärmten Tellern anrichten.

4. Die zerlassene Butter darüber gießen und mit gehackter Petersilie bestreuen.

5. Den Fisch mit Zitronenscheiben, Petersilie und Dill garnieren.

Bratzeit: 10–15 Minuten.

Hechtschnitte in Käsehülle

Gut vorzubereiten

600 g Hechtfilets
Zitronensaft
Worcestersauce
Salz
frisch gemahlener Pfeffer
150 g Emmentaler-Käse
3 Eier
Weizenmehl
100 g zerlassene Butter

1. Die Hechtfilets unter fließendem kaltem Wasser abspülen, trockentupfen und mit Zitronensaft beträufeln.

2. Die Filets mit Salz und Pfeffer bestreuen, etwas ziehen lassen.

3. Emmentaler-Käse fein reiben. Die Eier verrühren und den Käse unterschlagen.

4. Die Hechtfilets trockentupfen. Zuerst in Weizenmehl, dann in dem Eier-Käse-Gemisch wenden.

5. In Butter von beiden Seiten in etwa 5 Minuten goldbraun braten, sofort servieren.

ROTBARSCHFILET MIT RATATOUILLE

800 g Rotbarschfilets
(pro Person 200 g Filet)
Saft von 1 Zitrone
Salz
frisch gemahlener Pfeffer
50 g Weizenmehl
2 Eier
100 g Semmelbrösel
Worcestersauce
50 ml Speiseöl

FÜR DAS RATATOUILLE:
200 g Zucchini
200 g Auberginen
200 g grüne Paprika
100 g Zwiebeln
1 große Knoblauchzehe
350 g geschälte Tomaten
2 EL Olivenöl

Einfach

1. Die Fischfilets unter fließendem kaltem Wasser abspülen, trockentupfen und mit Zitrone etwa 10 Minuten marinieren. Mit Salz, Pfeffer und Worchestersauce würzen.

2. Die Filets zuerst in Mehl, dann in verschlagenem Ei und in Semmelbrösel wenden.

3. Öl erhitzen, den Fisch bei kleiner Hitze von jeder Seite etwa 2 Minuten braten.

4. Für das Ratatouille Zucchini und Auberginen putzen, waschen und in kleine Stücke schneiden.

5. Paprika halbieren, entstielen, entkernen und die weißen Scheidewände entfernen. Anschließend waschen und in kleine Stücke schneiden.

6. Das Gemüse salzen und eine Stunde einziehen lassen. Mit Küchenkrepp abtupfen.

7. Zwiebeln und Knoblauchzehe abziehen, fein würfeln und in Öl anbraten. Die Tomaten klein schneiden und dazu geben.

8. Zucchini und Auberginen hinzugeben und ständig wenden.

9. Alle Zutaten bei kleiner Hitze etwa 1 Stunde köcheln, bis das Ratatouille musig ist.

10. Das Fischfilet auf das Ratatouille warm anrichten.

Tip: Als Beilage Reis oder Kartoffelkroketten servieren.

Lachskotelett mit zartem Gemüse

Schnell

4 Lachskoteletts
(je etwa 200 g)
Salz
frisch gemahlener Pfeffer
3 EL Speiseöl
Saft von 1 Limone
250 g Möhren
1 Bund Frühlingszwiebeln
250 ml Brühe
25 g Butter
20 g Mandelblättchen

1. Lachskoteletts unter fließendem kaltem Wasser abspülen, trockentupfen.

2. Die Lachskoteletts mit Salz und Pfeffer bestreuen und mit Limonensaft beträufeln.

3. Das Öl in der Pfanne heiß werden lassen und die Lachskoteletts darin goldbraun braten.

4. Inzwischen die Möhren putzen, schälen, waschen und in feine Stifte schneiden.

5. Die Frühlingszwiebeln putzen, waschen, in etwa 3 cm große Stücke schneiden.

6. Die Brühe zum Kochen bringen. Die Möhrenstifte und Frühlingszwiebeln hineingeben, 8–10 Minuten garen lassen und dann den Sud abgießen.

7. Die Butter zerlassen, das Gemüse darin schwenken und mit Mandelblättchen bestreuen.

8. Das Gemüse zu den gebratenen Lachskoteletts servieren.

Tip: Dazu wilden Reis oder Parboiled-Reis reichen, weil dieser besonders vitaminschonend hergestellt wird.

Fischgratin mit Frischkäse-Kräuterkruste

- 3 Tomaten (300 g)
- 600 g Fischfilet (z.B. Seelachs, Dorsch)
- Salz
- frisch gemahlener Pfeffer
- 1 EL Zitronensaft
- 3 EL Olivenöl
- 2 EL gehacktes Basilikum
- 2 kleine Zucchini (300 g)
- 2 feingehackte abgezogene Knoblauchzehen
- 1 Becher (150 g) Frischkäse mit Kräutern, z. B. von Bresso
- 5 EL trockener Weißwein
- 2 EL feingeriebenes Weißbrot oder Semmelbrösel
- 20 g Butter

1. Die Tomaten mit kochendem Wasser übergießen, enthäuten, entkernen und würfeln.
2. Die Fischfilets unter fließendem kaltem Wasser abspülen, trockentupfen, mit Salz und Pfeffer bestreuen und mit Zitronensaft beträufeln.
3. Den Boden einer flachen Auflaufform mit dem Olivenöl bestreichen.
4. Die Filets nebeneinander hineinlegen, Basilikum und Tomatenwürfel darauf verteilen.
5. Die Zucchini waschen, den Stengelansatz abschneiden. Die Zucchini in dünne Scheiben schneiden, schuppenförmig auf den Filets anordnen, mit Salz, Pfeffer und durchgepreßtem Knoblauch bestreuen.
6. Frischkäse mit Weißwein und Semmelbröseln verrühren. Die Filets damit überziehen und mit Butterflöckchen belegen.
Die Form auf dem Rost in den Backofen schieben.
Ober-/Unterhitze: etwa 200 °C (vorgeheizt)
Heißluft: etwa 180 °C (nicht vorgeheizt)
Gas: etwa Stufe 3 (vorgeheizt)
Garzeit: 20 Minuten.

Tip: Dazu Butterreis und einen trockenen Weißwein reichen.

Rotbarsch mit Apfel-Sahne-Haube

- 2 Rotbarschfilets (à 300 g)
- Salz
- 1 EL Zitronensaft
- 1 Knoblauchzehe
- 2 EL Butter
- 250 ml (¼ l) trockener Weißwein
- 200 ml Schlagsahne
- 2 Eier
- 3 kleine mildsäuerliche Äpfel
- 1 Zwiebel
- 150 g roher Schinken
- 150 g Nordseekrabben
- 100 g geriebener Emmentaler-Käse
- Paprika, edelsüß
- frisch gemahlener Pfeffer

1. Rotbarschfilets unter fließendem kaltem Wasser abspülen, trockentupfen, salzen und in eine Schüssel legen. Mit Zitronensaft beträufeln.

2. Die Knoblauchzehe halbieren, eine ofenfeste Form damit ausreiben, mit der Butter einfetten. Die Rotbarschfilets hineinlegen und den Wein daraufgießen.

3. Sahne steif schlagen. Das Eiweiß von dem Eigelb trennen und das Eiweiß steif schlagen.

4. Die Äpfel schälen, vierteln, entkernen und würfeln. Zwiebel und Schinken feinwürfeln.

5. Apfel-, Zwiebel- und Schinkenwürfel mit Nordseekrabben, Eigelb und Käse unter die Sahne heben.

6. Mit Paprika, Salz und Pfeffer abschmecken. Zum Schluß das Eiweiß unterheben.

7. Die Form auf dem Rost in den Ofen schieben.

Ober-/Unterhitze: etwa 200 °C (vorgeheizt)
Heißluft: etwa 180 °C (nicht vorgeheizt)
Gas: etwa Stufe 3 (vorgeheizt)
Backzeit: 25 Minuten.

Tip: Dazu Wildreis und Blattsalat servieren.

Gebackene Seezunge

Gut vorzubereiten

Für den Fisch:

- 4 Seezungen (je etwa 250 g)
- Zitronensaft
- Salz
- frisch gemahlener Pfeffer
- 2 EL Weizenmehl
- 2 Eier
- 200 g Semmelbrösel
- 250 ml (¼ l) Speiseöl

Für die Kräuterbutter:

- 200 g Butter
- 4 EL Weizenmehl
- 2 Eigelb
- 2 Bund Kräuter: z. B. Petersilie, Thymian, Dill, Majoran, Basilikum

1. Seezungen abspülen, trockentupfen und auf einer Seite entlang der Mittelgräte aufschneiden.

2. Die Filets auf dieser Seite nach außen klappen. Fische mit Zitronensaft beträufeln, mit Salz und Pfeffer würzen und mit Mehl bestäuben.

3. Die Eier verquirlen, die Seezungen durchziehen und in Semmelbröseln wenden.

4. Öl und Butter erhitzen. Die Seezungen darin bei mittlerer Hitze in 15–20 Minuten braten.

5. Für die Kräuterbutter Butter, Mehl und Eigelb vermengen. Die Kräuter abspülen, trockentupfen, die Blättchen von den Stengeln zupfen, fein hacken, mit der Butter vermengen und mit Salz und Pfeffer würzen.

6. Die Kräuterbutter in die Fischöffnungen geben, im Backofen kurz überbacken.

Tip: Kartoffelpüree dazu reichen.

Kabeljaufilet mit pikantem Belag

Gut vorzubereiten

750 g Kabeljaufilet
2 EL Zitronensaft
Fett für die Form
50 g Butter oder Margarine
50 g Semmelbrösel
1 Zwiebel
1 EL gehackte Petersilie
1 EL feingeschnittener Schnittlauch
1 gestrichener TL Paprika, edelsüß
125 ml (1/8 l) Weißwein
Salz
frisch gemahlener Pfeffer
geriebene Muskatnuß

1. Kabeljaufilet unter fließendem kaltem Wasser abspülen, trockentupfen und mit Zitronensaft beträufeln.
2. Etwa 15 Minuten stehenlassen, wieder trockentupfen, in eine gefettete Auflaufform legen.
3. Für den Belag Butter oder Margarine geschmeidig rühren und Semmelbrösel unterrühren.
4. Zwiebel abziehen und fein würfeln. Petersilie, Schnittlauch, Paprika und Weißwein unterrühren.
5. Den Belag mit Salz, Pfeffer und Muskatnuß abschmecken, auf den Fisch streichen.
6. Die Auflaufform auf dem Rost in den Backofen schieben.
Ober-/Unterhitze: 200–225 °C (vorgeheizt)
Heißluft: 180–200 °C (nicht vorgeheizt)
Gas: Stufe 4–5 (vorgeheizt)
Backzeit: 30–35 Minuten.

Tip: Als Beilage Blattsalat und Stangenweißbrot servieren.

Gefüllte Makrelen

Preiswert

4 kleine ausgenommene Makrelen
Salz
frisch gemahlener Pfeffer
3 Bund Petersilie
2 Knoblauchzehen
abgeriebene Schale von 1 Zitrone (unbehandelt)
2 EL weiche Butter
Butter für die Form
8 Salbeiblätter
125 ml ($\frac{1}{8}$ l) Weißwein

1. Die Makrelen innen und außen unter fließendem kaltem Wasser abspülen, trockentupfen, mit Salz und Pfeffer bestreuen.

2. Die Petersilie abspülen, trockentupfen, die Blättchen von den Stengeln zupfen und fein hacken.

3. Knoblauchzehen abziehen, fein hacken und mit Petersilie, Zitronenschale und Butter gut vermengen.

4. Die Masse in die Makrelen füllen und die Fische in eine gefettete flache Gratinform legen.

5. Die Salbeiblätter abspülen und auf die Fische legen.

6. Den Weißwein hinzugießen. Die Form auf dem Rost in den Backofen schieben.

Ober-/Unterhitze: etwa 200 °C (vorgeheizt)
Heißluft: etwa 180 °C (nicht vorgeheizt)
Gas: Stufe 3 (vorgeheizt)
Garzeit: etwa 30 Minuten.

Tip: Dazu in Butter geschwenkte Pellkartoffeln und einen trockenen Weißwein servieren.

Seefischgratin auf Gemüsebett

- 200 g Rotbarschfilet
- 200 g Kabeljaufilet
- 200 g Seelachsfilet
- Saft von 1 Zitrone
- Salz
- frisch gemahlener Pfeffer
- 2 EL Delikateß-Senf
- 125 ml (1/8 l) Milch
- 125 ml (1/8 l) Fischfond
- 2 g (2 Meßlöffel) binde-fix, z. B. Alevita
- Zucker
- 4 Möhren (400 g)
- 2 Stangen Lauch (300 g)
- 1/2 Bund glatte Petersilie
- 2 EL Crème fraîche

1. Den Fisch unter fließendem kaltem Wasser abspülen, trockentupfen, jeweils in vier Stücke schneiden, mit Zitronensaft beträufeln und mit Salz und Pfeffer bestreuen.
2. Milch, Fischfond und binde-fix schaumig schlagen, mit Salz, Pfeffer und Zucker würzen, zehn Minuten stehen lassen.
3. Die Möhren putzen, schälen, waschen und in feine Scheiben schneiden.
4. Lauch ebenfalls putzen, waschen und in dünne Ringe schneiden.
5. Die Möhren 4 Minuten, den Lauch 2 Minuten blanchieren, dann auf ein Sieb abtropfen lassen und in eine längliche Auflaufform füllen.
6. Die Petersilie abspülen, die Blätter von den Stielen zupfen, feinhacken und unter die Soße mischen.
7. Die Soße über den Fisch gießen, Crème fraîche auf den Fischstücken verteilen.
8. Die Form auf dem Rost in den Backofen schieben.
Ober-/Unterhitze: etwa 225 °C (vorgeheizt)
Heißluft: etwa 200 °C (nicht vorgeheizt)
Gas: etwa Stufe 4 (vorgeheizt)
Garzeit: etwa 15 Minuten.

Schellfisch-filet in Paprika

- 500 g rote Paprikaschoten
- 500 g gelbe Paprikaschoten
- 500 g Zwiebeln
- 2 EL Butter
- 1 EL Paprika, edelsüß
- ½ TL Paprika scharf
- Salz
- frisch gemahlener Pfeffer
- 2 Bund Schnittlauch
- 1 Becher (150 g) Crème fraîche
- etwa 600 g Schellfischfilets
- 2 EL Zitronensaft

Preiswert

1. Paprikaschoten waschen, halbieren, Kerne und weiße Scheidewände entfernen und die Schoten grob raspeln.

2. Die Zwiebeln abziehen, halbieren und in feine Scheiben schneiden.

3. Die Butter zerlassen, Zwiebeln und Paprika darin andünsten.

4. Mit scharfem und edelsüßem Paprikapulver, Salz und Pfeffer würzen. Etwa 5 Minuten unter häufigem Rühren weiterdünsten.

5. Schnittlauch abspülen, in Röllchen schneiden, mit Crème fraîche unter das Gemüse rühren und in eine gefettete Auflaufform füllen.

6. Die Schellfischfilets abspülen, mit dem Zitronensaft beträufeln und mit Salz bestreuen.

7. Mit einem Löffel eine Mulde in das Gemüse drücken. Den Fisch hineinlegen und mit einem Teil des Gemüses bedecken.
Die Form auf dem Rost in den Backofen schieben.
Ober-/Unterhitze: etwa 200 °C (vorgeheizt)
Heißluft: etwa 180 °C (nicht vorgeheizt)
Gas: Stufe 2–3 (vorgeheizt)
Backzeit: 25–30 Minuten.

Tip: Pellkartoffeln oder Bratkartoffen dazu servieren.

Schollen im Knusperteig

Preiswert

- 400 g Weizenvollkornmehl
- 200 g Buchweizenmehl
- 1 TL Salz
- 1 Ei
- 5 EL Maiskeimöl
- etwa 300 ml Wasser
- 4 küchenfertige Schollen (etwa 1 kg)
- Zitronensaft
- Fett für das Pergamentpapier

1. Weizenvollkornmehl mit Buchweizenmehl, Salz, Ei, Öl und Wasser zu einem formbaren Teig verkneten, zur Kugel formen und eingewickelt bei Zimmertemperatur etwa 30 Minuten ruhen lassen.
2. Die Schollen abspülen und mit Zitronensaft beträufeln.
3. Die Teigkugel in acht Portionen teilen. Jede Portion etwas größer als die Schollen ausrollen. Das Backblech mit gefetteten Pergamentpapier auslegen und vier Teigplatten darauf geben.
4. Die Fische darauf legen, mit den übrigen Teigplatten bedecken und die Ränder fest zusammendrücken.
5. Das Backblech in den Backofen schieben.
Ober-/Unterhitze: etwa 220 °C (vorgeheizt)
Heißluft: etwa 200 °C (nicht vorgeheizt)
Gas: Stufe 3–4 (vorgeheizt)
Backzeit: etwa 50 Minuten.

Tip: Als Beilage in Butter geschwenkte Pellkartoffeln und Eisbergsalat servieren.

Seehecht in Sherrysosse

Schnell

800 g Seehecht (4 Stücke à 200 g)	
Salz	
frisch gemahlener Pfeffer	
Zitronensaft	
125 ml (1/8 l) trockener Sherry Fino	
20 g Butterflöckchen	
250 ml (1/4 l) Schlagsahne	
100 g eiskalte Butter	

1. Die Seehechtstücke unter fließendem kaltem Wasser abspülen und trockentupfen.

2. Fisch salzen, pfeffern und mit Zitronensaft beträufeln, nebeneinander in eine feuerfeste Form legen.

3. Mit dem trockenen Sherry begießen, mit Butterflocken belegen und die Form auf dem Rost in den Ofen schieben.
Ober-/Unterhitze: etwa180 °C (vorgeheizt)
Heißluft: etwa 160 °C (nicht vorgeheizt)
Gas: etwa Stufe 2 (vorgeheizt)
Garzeit: 10–12 Minuten.

4. Die garen Fischstücke aus der Form nehmen, in Alufolie packen und warm stellen.

5. Den Sud mit der Sahne in einen Topf geben und um ein Drittel einkochen.

6. Die eiskalte Butter stückchenweise mit dem Schneebesen kräfig unterschlagen.

7. Die Soße mit Salz, Pfeffer und Zitronensaft abschmecken.
Den Fisch auf vier vorgewärmten Tellern anrichten und mit der Soße überziehen.

Tip: Mit wilden Reis oder Parboiled-Reis, der besonders vitaminschonend hergestellt wird, anrichten.

Gefülltes Seelachsgratin

750 g Seelachsfilet
2 EL Zitronensaft
1 Packung (300g) tiefgekühlter Spinat
Salz, frisch gemahlener Pfeffer
1 Becher (150 g) Crème fraîche
Fett für die Auflaufform
10 g geriebener Parmesan-Käse

1. Seelachsfilet unter fließendem kaltem Wasser abspülen, trockentupfen und mit Zitronensaft beträufeln. Etwa 15 Minuten stehenlassen.
2. Für die Füllung den Spinat nach Vorschrift (siehe Verpackung) zubereiten.
3. Den Fisch wieder trockentupfen und mit Salz und Pfeffer bestreuen.
4. Die Hälfte des Filets in eine gefettete Auflaufform geben. Die Füllung darauf verteilen und mit dem übrigen Fischfilet bedecken.
5. Für den Belag Crème fraîche mit Salz und Parmesan-Käse verrühren. Den Fisch mit der Masse bestreichen und die Auflaufform auf dem Rost in den Backofen schieben.
Ober-/Unterhitze:
etwa 200–225 °C (vorgeheizt)
Heißluft: etwa 180–200 ° C (nicht vorgeheizt)
Gas: Stufe 4–5 (vorgeheizt)
Backzeit: 35–40 Minuten.

Sardinen sizilianisch

800 g küchenfertige Sardinen
Salz, frisch gemahlener Pfeffer
Zitronensaft
2 EL Weizenmehl
etwa 100 ml Olivenöl
1 kleine Zwiebel
¼ rote Paprikaschote
¼ grüne Paprikaschote
10 Oliven (schwarz, grün)
1 Knoblauchzehe
1 EL gehackte Petersilie
1 TL Oregano

1. Sardinen unter fließendem kaltem Wasser abspülen, trockentupfen, mit Salz und Pfeffer würzen und mit Zitronensaft beträufeln.
2. Sardinen mit Mehl bestäuben.
3. Olivenöl erhitzen, die Sardinen darin etwa 10 Minuten braten, herausnehmen und warmstellen.
4. Zwiebel abziehen, Paprika putzen, waschen und das Gemüse in Streifen schneiden.
5. Oliven vierteln und entkernen.
6. Knoblauchzehe abziehen und durchpressen.
7. Etwas Olivenöl in der Pfanne erhitzen. Zwiebel, Paprika und Oliven darin etwa 5 Minuten dünsten. Mit Knoblauch, Salz und Pfeffer würzen.
8. Petersilie und Oregano unterrühren. Das Gemüse über die Sardinen geben.

LAUCHMAKRELE

2 küchenfertige Makrelen
Zitronensaft
1 TL Salz
4 dicke Stangen Lauch
2 EL Maiskeimöl
4 EL Wasser
Salz, frisch gemahlener Pfeffer
1 Becher (150 g) saure Sahne

1. Makrelen waschen, links und rechts entlang der Rückengräte etwa 1 cm tief einschneiden. Von oben die Mittelgräte herausziehen.
2. Die Fische unter fließendem kaltem Wasser abspülen, mit Zitronensaft beträufeln, salzen.
3. Die äußeren Blätter vom Lauch abtrennen, auf Makrelenlänge zuschneiden, waschen.
4. Die oberen, zarten Triebe in die Makrelen legen, mit Bindfaden umwickeln und auf Alufolie legen.
5. Auf dem Rost in den Backofen schieben.
Ober-/Unterhitze: etwa 220 °C (vorgeheizt)
Heißluft: etwa 200 °C (nicht vorgeheizt)
Gas: Stufe 3 (vorgeheizt)
6. Die weißen Stücke der Lauchstangen in Ringe schneiden. Das Öl erhitzen und den Lauch anbraten. Wasser, Salz und Pfeffer zugeben und 15 Minuten dünsten. Lauch pürieren und die saure Sahne hinzugeben. Zum Fisch servieren.

Kabeljau auf Sauerkraut

500 g Sauerkraut
1 Apfel
2 EL Speiseöl
325 ml trockener Weißwein
Salz
frisch gemahlener Pfeffer
Zucker
Fett für die Form
4 Kabeljaukoteletts à 200 g
1 EL Zitronensaft
80 g Butter
2 EL Rotisseursenf (mit Körnern)
2 EL Schnittlauchröllchen
1 Zwiebel
150 g Schmand
1 EL Dijon-Senf, mittelscharf

1. Sauerkraut ausdrücken und fein zerzupfen. Apfel schälen und in feine Würfel schneiden.

2. Öl erhitzen, das Kraut und die Apfelstücke zugeben und mit 200 ml Wein 20 Minuten zugedeckt dünsten.

3. Mit Salz, Pfeffer und Zucker würzen und in eine gefettete Gratinform füllen.

4. Die Kabeljaukoteletts unter fließendem kaltem Wasser abspülen, trockentupfen, leicht salzen, pfeffern, mit Zitronensaft beträufeln und auf das Sauerkraut legen.

5. Die Hälfte der Butter mit Rotisseursenf und Schnittlauch verrühren und auf die Oberfläche streichen. Im vorgeheizten Ofen bei 200 °C 15 Minuten auf mittlerer Schiene garen.

6. Inzwischen die Zwiebel fein hacken und in der restlichen Butter glasig dünsten.

7. 125 ml Wein zugießen und bei starker Hitze fast ganz verdampfen lassen.

8. Den Schmand zugeben und leicht cremig einkochen. Dann mit Dijon-Senf würzen und mit Salz und Pfeffer abschmecken. Zum Seelachs servieren.

Tip: Mit Weißwein und Pellkartoffeln servieren.

AKTIESELSKABET
DE DANSKE SPRITFABRIKKER
KOPENHAGEN AALBORG

MEERRETTICH-KRÄUTER-HERINGE

Preiswert

- 4 frische Heringe
- 4 EL Zitronensaft
- Salz
- 2–3 EL gehackte Petersilie
- 1 EL gehackte Pimpinelle
- 2 EL gehackter Sauerampfer
- 1 EL geriebener Meerrettich
- 1 EL Maiskeimöl
- grob gestoßener Pfeffer

1. Die Heringe vom Händler ausnehmen und entgräten lassen, so daß eine Tasche entsteht.
2. Die Heringe abspülen, mit Zitronensaft beträufeln, mit Salz bestreuen, zugedeckt etwa 30 Minuten ziehen lassen.
3. Petersilie mit Pimpinelle, Sauerampfer und geriebenem Meerrettich vermischen, damit die Heringe füllen.
4. Vier genügend große Stücke Alufolie mit dem Öl bestreichen und mit Pfeffer bestreuen.
5. Die Heringe darin einwickeln, Folien schließen und auf dem Rost in den Backofen schieben.
Ober-/Unterhitze: etwa 240 °C (vorgeheizt)
Heißluft: etwa 220 °C (nicht vorgeheizt)
Gas: Stufe 4–5 (vorgeheizt)
Backzeit: 12–15 Minuten.

Tip: Pellkartoffeln dazu reichen.

BÜCKLINGS-PFANNKUCHEN

- 250 g Weizenmehl
- 3 Eier
- Salz
- 500 ml (½ l) Milch
- 4 Bücklinge
- Speiseöl

Schnell

1. Weizenmehl in eine Schüssel sieben, in die Mitte eine Vertiefung eindrücken. Eier, Salz und Milch verschlagen und etwas davon in die Vertiefung geben.

2. Von der Mitte aus Eiermilch und Mehl verrühren. Nach und nach die übrige Eiermilch dazugeben. Darauf achten, daß keine Klumpen im Pfannkuchenteig entstehen.
3. Bücklinge enthäuten, entgräten und das Fischfleisch zerpflücken.
4. Speiseöl in einer Stielpfanne erhitzen. Eine dünne Teiglage hineingeben, darauf einige Bücklingsstücke geben. Den Pfannkuchen von beiden Seiten goldgelb backen.
5. Bevor der Eierkuchen gewendet wird, etwas Speiseöl in die Pfanne geben.
6. Die übrigen Bücklings-Pfannkuchen auf die gleiche Weise zubereiten.

Tip: Grünen Salat mit Sahnesoße dazu reichen.

Makrelen-Omelette

(für 2 Personen)

4 geräucherte Makrelenfilets
6 Eier
2 EL Milch
Salz
60 g Butter
Kresse

1. Makrelen in Stücke schneiden.
2. Für die Omeletts die Eier mit Milch und Salz verschlagen.
3. Die Hälfte der Butter zerlassen und die Hälfte der Eiermasse hineingeben.
4. Die Eiermasse langsam stocken lassen. Die untere Seite muß bräunlich gebacken sein, die obere Seite muß weich bleiben.
5. Die Hälfte der Makrelenfilets auf die eine Hälfte des Omelettes geben. Die andere Hälfte darüber klappen.
6. Das andere Omelette auf die gleiche Weise zubereiten.
7. Die Omelettes mit gewaschener Kresse garnieren.

Schellfisch in brauner Butter

12 Schellfischfilets
(je etwa 100 g)
Salz
frisch gemahlener Pfeffer
Worcestersauce
4 EL Weizenmehl
125 ml ($^1/_8$ l) Speiseöl
1 kleine Zwiebel
1 Knoblauchzehe
80 g Butter
2 EL gehackte Petersilie
1 TL Kapern

Einfach

1. Schellfischfilets unter fließendem kaltem Wasser abspülen, trockentupfen, mit Salz, Pfeffer und Worcestersauce würzen.
2. Filets mit Mehl bestäuben. Das Öl in einer beschichteten Pfanne erhitzen und den Fisch von beiden Seiten10–15 Minuten braten.
3. Filets herausnehmen und warm stellen. Das Öl abgießen.
4. Zwiebel und Knoblauchzehe abziehen. Zwiebel würfeln, Knoblauch durch die Presse drücken. Die Butter erhitzen und braun werden lassen.
5. Die Zwiebel und den Knoblauch kurz darin dünsten.
6. Petersilie und abgetropfte Kapern hinzufügen, erhitzen und über den Schellfisch geben.

Steinbutt mit Kräuterbutter

4 Steinbuttfilets
(je etwa 200 g)
Zitronensaft
2 EL Butter
Salz
frisch gemahlener Pfeffer
125 g Kräuterbutter

1. Steinbuttfilets unter fließendem kaltem Wasser abspülen, trockentupfen, mit Zitronensaft beträufeln und etwa 15 Minuten stehenlassen, wieder trockentupfen.
2. Butter zerlassen und die Filets damit bestreichen.

3. Die Fischfilets mit Salz und Pfeffer würzen, auf ein gefettetes Grillrost legen und unter den vorgeheizten Grill schieben.
Grillzeit: Jede Seite 5–6 Minuten grillen.

4. Nach der Grillzeit die Kräuterbutter in Scheiben schneiden. Die garen Steinbuttfilets fächerartig damit belegen, auf einer vorgewärmten Platte anrichten und nach Belieben mit Tomaten und Kresse garnieren.

Seezungenfilets gebacken

Gut vorzubereiten

- 8 Seezungenfilets à 120 g
- Butter für die Form
- 80 g Butter
- Salz
- frisch gemahlener Pfeffer
- 250 ml (¼ l) Weißwein
- 125 ml (⅛ l) Schlagsahne
- 10 Tomaten
- 1 Knoblauchzehe
- 3 Eier

1. Seezungenfilet unter fließendem kaltem Wasser abspülen, trockentupfen, mit Salz und Pfeffer würzen und in eine ovale ausgebutterte Form geben.

2. Butter in eine Pfanne geben, zerlassen, Weißwein und Sahne hinzugeben, heiß werden lassen.

3. Die Tomaten kurze Zeit in kochendes Wasser legen (nicht kochen lassen), in kaltem Wasser abschrecken. Die Tomaten enthäuten, die Stengelansätze herausschneiden und die Tomaten in Würfel schneiden.

4. Knoblauch abziehen, fein hacken. Tomaten und Knoblauch in den Fond geben, erhitzen und über den Fisch gießen.

5. Die Eier aufschlagen, mit Salz und Pfeffer würzen und über den Fisch geben.

6. Die Form auf dem Rost in den Ofen schieben.
Ober-/Unterhitze: etwa 200 °C (vorgeheizt)
Heißluft: etwa 180 °C (nicht vorgeheizt)
Gas: etwa Stufe 3 (vorgeheizt)
Backzeit: etwa 10 Minuten.

Tip: Als Beilage Kartoffelpüree und grünen Salat reichen.

Gebackene Sardinen

(Foto)

- 1¼ kg küchenfertige Sardinen
- Olivenöl für die Form
- 1 Zitrone (unbehandelt)
- 1 Tomate
- Saft 1 Zitrone
- 5 EL Olivenöl
- 4 Knoblauchzehen
- 1 EL Petersilie
- Salz, frisch gemahlener Pfeffer
- Majoranblättchen

1. Sardinen unter fließendem kaltem Wasser abspülen, trockentupfen, nebeneinander in eine gefettete, flache Gratinform legen.
2. Zitrone und Tomate waschen, in Scheiben schneiden und zwischen die Fische legen.
3. Zitronensaft mit dem Olivenöl vermengen, darüber gießen.
4. Knoblauchzehen abziehen und fein hacken.
5. Knoblauch, Petersilie, Salz, Pfeffer und Majoranblättchen über die Fische streuen.
6. Die Form auf dem Rost in den Backofen schieben.
Ober-/Unterhitze: etwa 200 °C (vorgeheizt)
Heißluft: etwa 180 °C (nicht vorgeheizt)
Gas: Stufe 3 (vorgeheizt)
Backzeit: etwa 20 Minuten.

Sardellen, fritiert

(für 6 Personen)

- 600 g küchenfertige Sardellen
- Salz
- 2 Eier
- 1 l Olivenöl
- 2 Zitronen

1. Die Sardellen unter fließendem kaltem Wasser abspülen, trockentupfen und mit Salz würzen.
2. Eier verschlagen, die Fische darin wenden.
3. Olivenöl in einem Topf erhitzen, die Fische darin ausbacken.
4. Zitronen in Scheiben schneiden und zu den fritierten Sardellen servieren.

Heringsfilets in Zwiebel-kruste

Einfach

400 g frische Heringsfilets
2 EL Zitronensaft
1 Knoblauchzehe
Salz
frisch gemahlener Pfeffer
150 g Roggenvollkornbrot
500 g Zwiebeln
1 EL Butter
1 mürber Apfel
¼ TL Salz
¼ TL Anis
Zimt
Fett für die Form
30 g Butter

1. Die Heringsfilets unter fließendem kaltem Wasser abspülen, trockentupfen und mit Zitronensaft beträufeln.
2. Die Knoblauchzehe abziehen, zerdrücken und die Filets damit einreiben.
3. Mit Salz und Pfeffer bestreuen und im Kühlschrank zugedeckt 30 Minuten ziehen lassen.
4. Roggenvollkornbrot fein zerbröseln und die Zwiebeln abziehen und würfeln.
5. Die Butter zerlassen und die Zwiebeln darin etwa 8 Minuten dünsten.
6. Apfel waschen, fein raspeln und mit Zwiebeln, Bröseln, Salz und Anis vermischen und mit Pfeffer und Zimt abschmecken.
7. Die Heringsfilets in eine gefettete Auflaufform geben. Die Zwiebelmischung darüber verteilen und mit der Butter belegen.
8. Die Auflaufform in den Backofen schieben.
Ober-/Unterhitze: etwa 220 °C (vorgeheizt)
Heißluft: etwa 200 °C (nicht vorgeheizt)
Gas: Stufe 3–4 (vorgeheizt)
Backzeit: etwa 25 Minuten.

Tip: Kartoffelpüree mit gedünsteten Zwiebelringen und Salat dazu reichen.

Petersilien-Fisch

Preiswert

- 4 Rotbarschfilets (je etwa 200 g)
- Saft von 1 Zitrone
- 3 Bund Petersilie
- 3 Knoblauchzehen
- abgeriebene Schale von 1 Zitrone (unbehandelt)
- 1 TL Kräutersalz
- 1 TL Zitronenpfeffer
- Fett für die Form
- 4 EL Butter

1. Rotbarschfilets unter fließendem kaltem Wasser abspülen, trockentupfen und mit dem Zitronensaft beträufeln.

2. Petersilie abspülen, trockentupfen, die Blättchen von den Stengeln zupfen und fein hacken. Die Knoblauchzehen abziehen und zerdrücken.

3. Petersilie und Knoblauch mit Zitronenschale, Kräutersalz und Zitronenpfeffer vermengen.

4. Die Fischfilets nebeneinander in eine gefettete feuerfeste Form legen und mit der Petersilienmischung bestreichen.

5. Die Butter zerlassen und darüber träufeln. Die Form auf dem Rost in den Backofen schieben.

Ober-/Unterhitze: etwa 200 °C (vorgeheizt)
Heißluft: etwa 180 °C (nicht vorgeheizt)
Gas: Stufe 3 (vorgeheizt)
Backzeit: 20 Minuten.

Tip: Dazu Bratkartoffeln und Tomatensalat servieren.

Aalspiesse mit Champignons

- 1 küchenfertiger Aal
  (etwa 1 kg)
- Salz
- 2 Knoblauchzehen
- 1 Bund Dill
- 1 Salatgurke (etwa 300 g)
- 200 g große Champignons
- 100 g geräucherter Speck
- Zitronensaft
- 5 EL Weizenkeimöl
- 1 TL Paprikapulver, rosenscharf
- 1 TL Paprikapuver, edelsüß

1. Aal gründlich unter fließendem kaltem Wasser waschen, trockentupfen, in etwa 3 cm lange Stücke schneiden, mit Salz einreiben.
2. Die Knoblauchzehen abziehen und fein hacken.
3. Dill abspülen, trockentupfen, die Blättchen von den Stengeln zupfen und fein hacken.
4. Dill und Knoblauch mischen und in jedes Aalstück etwas von der Mischung geben.
5. Salatgurke waschen, trockentupfen, halbieren und mit einem Löffel die Kerne herausschaben. Die Gurkenhälften in 1 cm dicke Scheiben schneiden.
6. Champignons putzen, evtl. abspülen, trockentupfen, die Köpfe von den Stengeln abschneiden.
7. Speck in Scheiben schneiden. Aal, Gurken, Champignons und Speck abwechselnd auf Spieße stecken, mit Zitronensaft beträufeln.
8. Weizenkeimöl mit Paprikapulver verrühren, die Spieße damit bestreichen. Auf den heißen Grillrost legen und während des Grillens ab und zu wenden. Mit der Ölmischung bestreichen.
Grillzeit: 12 Minuten.

Tip: Kartoffelsalat mit Kresse und Sesambrötchen dazu servieren.

Doraden mit Tomaten

Gut vorzubereiten

4 kleine küchenfertige Doraden (Goldbrassen, je etwa 300 g)
Saft von 1 Zitrone
Salz
grob gemahlener weißer Pfeffer
2 TL Kräuter der Provence
Weizenkeimöl
4 Tomaten
Knoblauchsalz
frisch gemahlener Pfeffer

1. Die Doraden unter fließendem kaltem Wasser abspülen, mit dem Zitronensaft beträufeln, 10 Minuten stehenlassen und trockentupfen.
2. Mit Salz, grobem Pfeffer innen und außen würzen, anschließend innen mit Kräutern der Provence ausstreuen.
3. Die Fische mit Weizenkeimöl bestreichen, auf den heißen Grillrost legen. Von jeder Seite 8–10 Minuten grillen.
4. Tomaten waschen, abtrocknen, an der runden Seite kreuzweise einschneiden.
5. Mit Knoblauchsalz und Pfeffer bestreuen, 3 Minuten vor Ende der Grillzeit zu den Fischen auf den Rost legen.
Grillzeit:
Für die Fische 16–20 Minuten.
Für die Tomaten 3 Minuten.

Tip: Als Beilage eignet sich besondes gut frisches Stangenweißbrot und Grüne Soße mit vielen frischen Kräutern. Dieses Rezept eignet sich auch gut für den Gartengrill.

Heilbutt-scheiben vom Rost mit Sauce tatare

1 Zwiebel
1 TL Kapern
3 EL Mayonnaise
1 EL gehackter Kerbel
1 EL gehackter Dill
1 EL Pimpinelle
Salz
4 Scheiben Heilbutt
(je etwa 220 g)
frisch gemahlener Pfeffer
50 g frisch geriebener
Parmesan-Käse
2 TL Paprikapulver, edelsüß
4 EL Distelöl

Schnell

1. Für die Sauce tatare die Zwiebel abziehen, fein würfeln und die Kapern sehr fein hacken.
2. Die Mayonnaise mit Kerbel, Dill und Pimpinelle verrühren, mit Salz würzen.
3. Heilbutt unter fließendem kaltem Wasser abspülen, trockentupfen, mit Salz und Pfeffer bestreuen. Den Fisch 10 Minuten stehen lassen.
4. Parmesan-Käse mit Paprikapulver mischen, die Heilbuttscheiben darin wenden, auf den heißen Grillrost legen, mit 2 Eßlöffel Distelöl bestreichen. Jede Seite 7–8 Minuten grillen. Nach dem Wenden mit dem restlichen Öl bestreichen.
5. Grillzeit: 14–16 Minuten.
6. Die garen Heilbuttscheiben mit der Sauce tatare anrichten.

Tip: Als Beilage Baguette und Eisbergsalat servieren.

Kräuterbarbe mit Nudeln

1 Zwiebel
3 EL Olivenöl
420 g Dosentomaten mit Saft
3–4 Lorbeerblätter
125 ml (1/8 l) milder Weißwein
Salz
frisch gemahlener Pfeffer
Zucker
8 Rotbarbenfilets mit Haut (400 g)
Saft 1 Zitrone
40 g altes Baguette
3–4 Knoblauchzehen
2 EL gemischte gehackte Kräuter (z. B. Petersilie, Basilikum, Oregano, Dill)
200 g Gabelspaghetti oder Soja-Nudeln
5 g = 5 Meßlöffel binde-fix, z. B. von Alevita

1. Zwiebel abziehen, grob hacken und in 1 Eßlöffel heißem Olivenöl andünsten. Grob zerkleinerte Tomaten, Tomatensaft, Lorbeerblätter und Wein dazugeben.

2. Die Soße sämig einkochen lassen, Lorbeerblätter entfernen und mit Salz, Pfeffer und Zucker abschmecken.

3. Inzwischen die Fischfilets unter fließendem kaltem Wasser abspülen, trockentupfen, mit Zitronensaft beträufeln, salzen und pfeffern.

4. Das Baguette zerbröseln, die Knoblauchzehen schälen und durch eine Presse drücken.

5. Brösel, Knoblauch, Kräuter und restliches Olivenöl gut mischen und mit Salz und Pfeffer abschmecken.

6. Diese Kräutermischung auf die Innenseite der Fischfilets (rote Haut nach unten legen) häufeln und andrücken.

7. Die Fischfilets mit der Kräuterschicht nach oben auf dem Rost 5 Minuten bei 225 °C grillen.

8. Inzwischen die Gabelspaghetti in Salzwasser kochen, abgießen, mit der Tomatensoße vermischen und auf einen Teller legen.

9. Fisch drauflegen (je eine rote Seite und eine Kräuterseite sichtbar).

Kräuter-Forellen mit Steinpilz-Füllung

Gut vorzubereiten

4 küchenfertige Forellen (je etwa 250 g)
Saft von 1 Zitrone
Salz
frisch gemahlener schwarzer Pfeffer
1 Bund Kerbel
1 Bund Estragon
250 g Steinpilze
1 mittelgroße Zwiebel
2 EL Sonnenblumenöl
1 TL Paprikapulver, edelsüß
etwas Sonnenblumenöl

1. Forellen unter fließendem kaltem Wasser abspülen, trockentupfen und mit dem Zitronensaft innen und außen beträufeln.

2. 15 Minuten stehenlassen und trockentupfen. Die Forellen innen mit Salz und Pfeffer würzen.

3. Kerbel und Estragon abspülen, trockentupfen, die Blättchen von den Stengeln zupfen und fein hacken. Im Inneren der Fische die Kräuter verteilen und die Forellen weitere 15 Minuten stehenlassen.

4. Für die Steinpilzfüllung die Steinpilze putzen, kurz unter fließendem kaltem Wasser abspülen, trockentupfen und in Scheiben schneiden.

5. Die Zwiebel abziehen und fein hacken. Das Öl erhitzen, die Zwiebel darin glasig dünsten. Die Steinpilzscheiben hinzugeben und 10 Minuten mitdünsten lassen.

6. Mit Paprikapulver und Salz würzen. Die Füllung in die vier Forellen verteilen und mit Rouladennadeln zustecken.

7. Die Alufolie mit etwas Öl bestreichen. Jeweils eine Forelle darin einpacken.

8. Die Päckchen auf den heißen Grillrost legen. Von jeder Seite 12–15 Minuten grillen.

Grillzeit: 25–30 Minuten.

Tip: Pellkartoffeln dazu servieren.

Karpfen mit polnischer Sosse

1 küchenfertiger Karpfen
(1½–2 kg)
Salz, frisch gemahlener Pfeffer
Speiseöl, 40 g Butter
20 g Weizenmehl
250 ml (¼ l) Malzbier
250 ml (¼ l) Wasser
40 g Brotrinde
½ Lorbeerblatt
6 Wacholderbeeren
3–4 El Rotwein
40 g gewaschene Rosinen
20 g Mandelstifte
4 Tomatenachtel
4 Zitronenscheiben
Petersilie zum Verzieren

1. Karpfen unter fließendem kaltem Wasser abspülen und trockentupfen. Innen und außen mit Salz und Pfeffer würzen.

2. Ein Stück Alufolie extra stark mit Speiseöl bestreichen. Den Fisch darin einwickeln, die Folie locker aber dicht verschließen, auf ein Backblech legen und in den Backofen schieben.
Ober-/Unterhitze: 225–250 °C (vorgeheizt)
Heißluft: 200–220 °C (nicht vorgeheizt)
Gas: Stufe 6–7 (vorgeheizt).

3. Den garen Fisch auf einer vorgewärmten Platte anrichten und warm stellen.

4. Für die polnische Soße Butter zerlassen. Weizenmehl unter Rühren so lange darin erhitzen, bis es braun ist.

5. Malzbier und Wasser hinzugießen, mit einem Schneebesen durchschlagen, darauf achten, daß keine Klumpen entstehen und zum Kochen bringen.

6. Brotrinde zerkrümeln, Lorbeerblatt und Wacholderbeeren dazugeben und etwa 10 Minuten kochen lassen.

7. Rotwein, Rosinen und Mandelstifte unter die Soße rühren, mit Salz und Pfeffer abschmecken und nochmals etwa 5 Minuten ziehen lassen.

8. Den Karpfen mit Tomatenachteln, Zitronenscheiben und Petersilie garnieren und die Soße dazu reichen.

Gegrillte Doraden (Foto)

2 küchenfertige Doraden
(je etwa 600 g)
Zitronensaft
Salz, Pfeffer
2 Fenchelknollen
4 EL Speiseöl
150 ml heißer Pernod

1. Doraden unter fließendem kaltem Wasser abspülen, trockentupfen, innen und außen mit Zitronensaft beträufeln und mit Salz und Pfeffer würzen.
2. Fenchelknollen putzen, gründlich waschen und in längliche Stücke schneiden.
3. Die Doraden mit dem Fenchel füllen, mit kleinen Holzspießchen zusammenstecken und auf ein gefettetes Backblech legen.
4. Mit Speiseöl bestreichen, unter den heißen Grill schieben.
5. Die Fische 25–30 Minuten grillen. Nach 15 Minuten den Fisch wenden. Die Doraden auf einer Platte anrichten.
6. Mit dem heißen Pernod übergießen und flambieren.

Heringe in Kräuterbutter

4 küchenfertige Grüne
Heringe
4 EL Zitronensaft
Salz
100 g Kräuterbutter
Weizenmehl

Preiswert

1. Heringe unter fließendem kaltem Wasser abspülen, trockentupfen und mit Zitronensaft beträufeln, etwa 15 Minuten ziehen lassen.
2. Innen und außen mit Salz einreiben, die Hälfte von der Kräuterbutter erhitzen und die Heringe innen und außen damit bestreichen.
3. Die Heringe mit Weizenmehl bestäuben und unter den heißen Grill schieben.
4. Die Grillzeit beträgt 10–15 Minuten. Dabei nach der Hälfte der Zeit einmal wenden.
5. Die restliche Kräuterbutter erhitzen und die Fische vor dem Servieren damit begießen.

Rotbarschbissen mit Ananas

Schnell

- 4 EL Zitronensaft
- 3 EL Olivenöl
- 1 Knoblauchzehe
- 1 TL Worcestersauce
- Salz
- frisch gemahlener weißer Pfeffer
- 2 Prisen Cayennepfeffer
- 750 g Rotbarschfilet
- 1 frische Ananas (1,5 kg)
- etwas Butter
- 1 EL Honig

1. Für die Marinade Zitronensaft mit Olivenöl verrühren.

2. Die Knoblauchzehe abziehen, mit der Knoblauchpresse in die Zitronen-Öl-Mischung drücken und mit Worcestestersauce, Salz, Pfeffer und 1 Prise Cayennepfeffer würzen.

3. Rotbarschfilet unter fließendem kaltem Wasser abspülen und trockentupfen.

4. Fischfilet in kleine Quadrate (4 cm) schneiden, in die Marinade legen und für 2 Stunden zugedecket stehenlassen.

5. Ananas großzügig schälen und die Frucht der Länge nach vierteln. Das harte Innere ausschneiden und das Fruchtfleisch in Scheiben schneiden.

6. Die Aluschale mit etwas Butter ausstreichen, die Ananasscheiben hineinlegen, mit Honig beträufeln und mit 1 Prise Cayennepfeffer würzen.

7. Die Rotbarschstücke aus der Marinade nehmen, abtropfen lassen, abtupfen, auf den heißen Grillrost legen und von jeder Seite 5–6 Minuten grillen.

8. 5–6 Minuten vor Ende der Grillzeit die Aluschale mit auf den Grillrost stellen.

Grillzeit: Für den Fisch 10–12 Minuten, für die Ananasscheiben 5–6 Minuten.

Tip: Dazu in Butter geschwenkte Kartoffeln reichen.

Thunfischscheiben „Haushofmeisterart"

3 EL Estragonessig
5 EL Distelöl
6 Schalotten
2 Knoblauchzehen
Salz, frisch gemahlener Pfeffer
1 EL gehackter Estragon
4 Thunfischscheiben
(je etwa 175 g)
100 g Butter
1 Bund Estragon
1 Bund Petersilie
2 TL Zitronensaft
einige Tropfen Worcestersauce

1. Für die Marinade Estragonessig mit Distelöl verrühren.
2. Schalotten und Knoblauchzehen abziehen, Schalotte und eine Knoblauchzehe fein hacken und zur Essig-Öl-Mischung geben. Anschließend mit Salz, Pfeffer und Estragon würzen.
3. Die Thunfischscheiben unter fließendem kaltem Wasser abspülen, trockentupfen, in eine Schüssel geben, mit der Marinade übergießen, zugedeckt für 5–6 Stunden in den Kühlschrank stellen.
4. Für die Kräuterbutter die Butter geschmeidig rühren.
5. Estragon und Petersilie abspülen, trockentupfen, die Blättchen von den Stengeln zupfen und sehr fein hacken.
6. Zitronensaft, Salz, Pfeffer und einigen Tropfen Worcestersauce unter die Butter rühren.
7. Die zweite Knoblauchzehe durch die Knoblauchpresse drücken und in die Butter geben.
8. Die Buttermischung zu kleinen Kugeln formen. Diese einzeln in Pergamentpapier einpacken, im Kühlschrank gut durchkühlen lassen.
9. Die Thunfischscheiben aus der Marinade nehmen, abtropfen lassen, etwas abtupfen, auf den heißen Grillrost legen und von jeder Seite 8–10 Minuten grillen. Grillzeit: 16–20 Minuten.
10. Die garen Thunfischscheiben auf vorgewärmten Tellern anrichten, jeweils 2 Kugeln Butter darauf legen und sofort servieren.

Ratgeber

Ob Süßwasser- oder Meeresfisch. Fisch hat einen hohen Stellenwert in der heutigen Ernährung bekommen. Und das nicht ohne Grund, denn durch das biologisch hochwertige Eiweiß, die fettlöslichen Vitaminen und Mineralstoffe ist Fisch ein ideales Lebensmittel für unsere Ernährung.

Fischfett enthält besonders viel Vitamin A, B, Niacin und Vitamin D.

Als Mineralstoffe sind Kalium, Phosphor, Eisen und beim Meeresfisch der hohe Anteil an Jod zu erwähnen. Zum Beispiel decken 200 g Schellfisch den Jodbedarf von 10 Tagen.

Fischfleisch hat nur einen geringen Anteil an Bindegewebe. Deshalb ist Fisch besser verdaulich, aber auch schneller verderblich als das Fleisch von Warmblütern.

Fisch wird in Süß- oder Meeresfisch unterteilt. Zu den Süßwasserfischen zählen unter anderem: Aal, Barsch, Brasse, Felchen, Forelle, Hechte, Karpfen, Lachse, Schleie, Zander. Diese Fische leben in Flüssen, Bächen, Seen und Teichen.

Zu den Seefischen gehören unter anderem: Heringe, Kabeljau, Makrelen, Meeraale, Meeräschen, Rochen, Rotbarsche, Sardinen, Seehecht, Schellfisch, Thunfische und viele andere. Der Lebensraum dieser Fische ist das Meer.

Fisch wird auch nach Fett- oder Magerfisch unterteilt. So zählt Fisch mit einem Fettgehalt von über 10 % zu den Fettfischen. Dazu zählen u. a. Aal, Lachs, Hering, Sprotte, Makrele oder der schwarze Heilbutt.

Zu den Magerfischen mit einem Fettgehalt von 1 - 5 % zählen Kabeljau/Dorsch, Schellfisch, Seelachs/Köhler, Leng, Forelle oder Hecht.

Aal
Makrele
Hering

Lachs
Regenbogen-
forelle
Lachs-
forelle
Karpfen

Zubereitung

Um Fisch verzehrfertig zubereiten zu können, sind zunächst einige Vorbereitungen zu treffen. Hilfreich dabei ist die 3-S-Regel: Säubern-Säuern-Salzen. Diese Regel gilt sowohl für See- als auch für Süßwasserfische.

Frischfisch muß zunächst **gesäubert** werden. Dazu müssen die Rücken-, Bauch- und Schwanzflosse abgeschnitten werden. Anschließend, wenn nötig, die Fische entschuppen und ausnehmen. Beim Ausnehmen setzt man das Messer am Bauch an und führt den Schnitt vom Darmende bis kurz vor dem Kopf. Die Eingeweide herausnehmen, den Fisch unter fließendem kaltem Wasser abspülen und trockentupfen.

Bei ganzen Fischen wird das Fischfleisch innen und außen mit Zitronensaft oder Essig beträufelt. Fischfilet wird hingegen von allen Seiten **gesäuert**.

Fisch soll immer erst kurz vor dem Zubereiten **gesalzen** werden. Salz entzieht dem Fisch Bindegewebswasser, so daß das Fischfleisch trocken, die Oberfläche naß und beim Braten nicht braun wird.

Garmethoden

Für die Zubereitung von Fisch sind folgende Garmethoden geeignet: Garen im Sud, Dünsten, Dämpfen, Braten, Backen und Räuchern. Fisch ist gar, wenn

- sich die Flossen und Gräten leicht herausziehen lassen;
- sich die Haut vom Fischfleisch leicht abheben läßt;
- sich beim Druck mit der Gabel das Fischfleisch schuppenförmig löst.

Um eine knusprige Kruste nach dem Braten zu erhalten, wird der Fisch zunächst in Weizenmehl gewendet und das Mehl gut angedrückt. Anschließend gibt man den Fisch in ein verschlagenes Ei und wendet den Fisch darin. Danach wird der Fisch in Semmelbröseln gewendet und die Panade gut angedrückt, damit sie während des Bratens gut am Fischkörper hält.

Räucherfisch wird aus ganzen Fischen oder Fischteilen z. B. Filets hergestellt. Dabei werden die Fische mit frisch entwickeltem Rauch hergestellt.

Fische werden heiß oder kalt geräuchert. Bei der Heißräucherung werden die Fische oder die

Fischfilets einer Temperatur von über 70 °C ausgesetzt.

Folgende Fischarten werden heiß geräuchert, z. B. :
– Bückling, Heilbutt, Makrelen, Räucheraal, Rotbarsch, Seeaal, Schillerlocken, Sprotten.

Bei einer Kaltgeräucherung werden die Fische einer Temperatur von unter 30 °C ausgesetzt.
Folgende Fischarten werden kaltgeräuchert:
– z. B. Räucherlachs, Lachshering oder Lachsmakrele.

Ob kalt- oder heißgeräuchert. Konservierungsstoffe sind bei Räucherfischen verboten.

Fischgeruch läßt sich vermeiden, indem der Fisch in einem Gefäß zudeckt und kühlgestellt bis zur Verarbeitung gelagert wird.
Gegenstände und Hände, die mit Fisch in Berührung gekommen sind, verlieren ihren Geruch, wenn sie zunächst mit kaltem Wasser, dann mit Zitronensaft oder Essig eingerieben werden.
Benutztes Geschirr sollte zuerst mit kaltem Wasser und danach mit heißem Wasser abgespült werden.

Tips

Frische Fische sind zu erkennen an:

1. klare Augen
2. rote Kiemen ohne Schleim (Kiemen etwas anheben und darunter sehen)
3. feste Schuppen
4. frischer, nicht unangenehmer Geruch
5. kräftig glänzender Haut, die mit klarem Schleim überzogen ist (verfärbt sich beim Garen im Sud blau)
6. an glatten, glänzenden Fischstücken bei zerlegtem Fisch. Fischfilet, die an den Rändern trocken aussehen, sind alt.

Haltbarkeit bei Kühltemperaturen von 2 °C bis 6 °C :

frischer Fisch	1 Tag
zubereiteter Fisch	2 Tage
geräucherter Fisch	2 Tage

Lagerdauer von Fisch im Gefrierschrank oder Gefriertruhe:

Fisch, mager	2 bis 5 Monate
Fisch, fett	1 bis 2 Monate
Fischfilet	2 bis 5 Monate

Tiefgefrorener Fisch muß bei einer Temperatur von –18 °C gelagert werden. Tiefgefrierfisch kann im Kühlschrank noch maximal 1–2 Tage gelagert werden.

Register

Die Rezepte in diesem Buch sind - wenn nicht anders angegeben - für 4 Personen berechnet.

Für die freundliche Unterstützung danken wir

Gesellschaft für Europäische Kommunikation mbH, Hamburg
IPR & O, Hamburg
Komplettbüro, Internationale Kommunikation GmbH, München
MPR Dr. Muth Public Relations GmbH, Hamburg

Genehmigte Lizenzausgabe, 1997

Redaktion Jasmin Gromzik

Innenfotos Fotostudio Büttner, Bielefeld
Focus Design, Bielefeld
Thomas Diercks, Hamburg
Herbert Maass, Hamburg
Christiane Pries, Borgholzhausen
Michael Somoroff, Hamburg

Rezeptentwicklung Thomas Lauterbach, Hamburg

ISBN 3-8122-3728-8